The Puzzle Pencil's

Beautiful Word Search for Women

A. C. Jones

Beautiful Word Search for Women

Table of Contents

Introduction

Welcome to your new word search book! In the following pages, you will find a great deal of beauty, as well as plenty of fun.

With these puzzle themes, you can visit the French countryside during the annual lavender harvest. You can dress up and have dinner at Downton Abbey. You can take a stroll on the boardwalk and have a ride on a Ferris wheel, or you can take a cool break with a big slice of key lime pie. All of this (and much more) is waiting for you, so sharpen a pencil and get ready for a lovely experience!

Instructions

Find and circle the words in each puzzle list. Words may be found forwards, backwards, vertically, horizontally, or diagonally.

Cheesecake

DREAMY
CHOCOLATE
SWIRL
NEW YORK

CREAM CHEESE
GRAHAM CRUST
RASPBERRY
SOUR CREAM

RICH
BUTTER
EGGS
CHERRY

```
B W Q R A S P B E R R Y J F N B
C U A Z L O H Q R D J P Q S N J
H Y T Q Z U C H O C O L A T E H
O J D T R R A S R C L R O H W N
C W S R E C I R L D R I A C Y O
O R U R A R H C E R L W G Y O C
C M C S Y E T N H E M S L R R F
Y R G Z O A W N O A U H C R K W
U G B A E M C R L M S P B E R R
E D R E E A Y G J Y Y O R H L L
E T S U R C M A H A R G H C L I
C R E A M C H E E S E Z U M O U
```

Playing the Piano

SCALES
KEYS
CHORDS
PEDALS

SHEET MUSIC
PIANO ROLL
FINGERING
GLISSANDO

RECITAL
CHOPIN
OCTAVE
BARTOK

```
P I A N O R O L L C Q T Z N G S
F L P Q C H S T H Z S M I P N W
G C N D T Y H Q J X N P C H I U
L S S L A D E P H I O L S J R Y
I D C O V Q E A O H P D D S E H
S T P A E N T V C C R B L R G K
S E Z H L L M R E O T A L J N O
A C U O V E U P H C H R E E I C
N K I I W R S C D E C T K P F O
D E B R E C I T A L J O S G E L
O W T I A R C B A V R K E Y S L
P Q R T L R E O I N G C M F A S
```

Diamonds

RARITY	CARATS	LIGHT
HEART	FLAWLESS	SPARKLE
ROUND	FACET	DAZZLING
PEAR	ANGLE	FIRE

```
S D P Y T I R A R F I M S N C O
R P O S P A R T P H O V K W L I
M L A E G T Y R S T E C A F G D
F H J R A U Q S E L R A E F L A
K E V Z K N E F P T I R F J Z Z
J A F Z P L A D R U H A R Z C Z
H R O U W A E E Y O F T Q W I L
E T H A C S S F C L U S Y P F I
A D L T N L E R I F W N A E R N
Z F C X R G N C K A Z V D A L G
D A Z Z J T L U K L T A U R G T
R B N U O R Q E L I G H T H S Z
```

Jewel Box

EMERALD AMETHYST GARNET
RUBY TOPAZ CITRINE
SAPPHIRE AQUAMARINE LAPIS
BERYL ROSE QUARTZ PERIDOT

```
W P E R Y M L R U Q C M Q E I T
R A M O U Z Y S A P P H I R E S
C M H S Y B H L A N H F C L M Y
I E M E R A Y N P S L J N Y E H
T T A Q U G M Y Q Y J F Z N R T
R N Z U H E N I R A M A U Q A E
I T N A Y K F E F M F Q O S L M
N E M R D Q B Q U Z Z A I V D A
E N E T P P N P A B P P P H I R
H R I Z X U Q P B H A P H G A R
D A A E S I O A Z L G L D R V E
A G Y L R T F C T O D I R E P F
```

Romeo and Juliet

TRUE LOVE   STAR-CROSSED   VERONA
JULIET   CAPULET   FEUD
BALCONY   MONTAGUE   KINSMEN
ROMEO   SWORD FIGHT   POISON

```
S T F E I S I B A L C O N Y H N
R E O S G U E D Y A S Z M C J E
H L V J T F S W R D T F O E R M
E U Y U V A F O Q Y N E N T H S
F P B L K L R E U T M V T R P N
E A P I Z N V C B O N S A U F I
U C W E M O A J R D R O G L V K
D P N T L K V E R O N A U R D V
C I O E B Z I A U J S C E J U L
K M U S N O S I O P L S T A C R
Q R T H G I F D R O W S E H Q S
T R D S T A C R S D T R L D J S
```

Mona Lisa

LOUVRE RENAISSANCE PORTRAIT
LEONARDO ENIGMATIC GAZE
DA VINCI LANDSCAPE ITALIAN
SFUMATO PERSPECTIVE SMILE

```
E V I T C E P S R E P S F M T E
A H L O U M E K T I A R T R O P
I Y C B V Z N M P R S P C S U A
F R E N A I S S A N C E E M D C
C Z N G I E L I G F U L G I B S
P F I M A S N T A S A N C L C D
O S G T S V H A R N F U Q E D N
R S M I J M V L O A V U R G K A
T D A V I N C I R N L V M O Z L
R Q T E T L S A J Y U W Q A O F
L N I G A Z D N P O M I P L T C
D N C J L O K M L E O N A R D O
```

Correspondence

POSTCARD FOUNTAIN PEN STAMPS
NOTEPAD CALLIGRAPHY SEALS
ENVELOPE LETTERHEAD EMBOSS
GOLD FOIL WATERMARK EPISTLE

```
C R D P J C L L M U E H G Q V R
A J F O U N T A I N P E N J V J
L E T S N D E S L O I U F A Q H
L H E T Q S L E T T E R H E A D
I K N C O Y H E K E O S Z L T L
G G V A U I P T C P T O S T C I
R T E R N O C E M A H G S S J O
A W J D L H W K M D S L E I G F
P S P E U R E P D B A L N P V D
H B V W T T S P F E O V N E C L
Y N A J X I O Y S N M S G T P O
E K R A M R E T A W J F S T M G
```

Paint Box

CRIMSON   WHITE   BRUSHES
VIRIDIAN   VIOLET   OILS
CERULEAN   ROSE   MIXING TRAY
COBALT   OCHRE   WATERCOLORS

```
R E R H C O B W A V I R W C L T
C R M S W O Q H E B L N E B R W
H B Y H H A J I N A O I L S Q M
S R C D X L T T K S U H Z C T I
E J E S O I U E M B Q S V L J X
H S U A Y V O I R J R K A W R I
S H R C I U R S H C E B R H D N
U W A O S C H R Y S O I V I T G
R S L H S P C X Q C E L Y X M T
B E Q J R E W A U T R C O E I R
T J K V I R I D I A N D F R L A
O I E S E N A E L U R E C A S Y
```

Rose Garden

BLOOMS
BUDS
PRUNE
SHEARS

RAMBLERS
FLORIBUNDA
BOURBON
APHRODITE

GALLICA
MUSK
NOISETTE
ENGLISH

```
G A L L I C A D T F L O R R I S
D D K S A R E P B U D S E F R H
U N O I E A D P H S K C T L U A
R U A P H M P A E R M V T O L E
A B K T M B O U R U O N E R F N
M I S Q T L F D D N G D S H B G
B R E N G E H M O U P R I N U L
L O C M E R V B E J L W O T L I
E L H N J S R A E H S M N R E S
N F U L P U E Q N M S U J P A H
G R B Q O R B L O O M S B R B N
P F V B F L O R I Z N K S H E A
```

Perfect Bubble Bath

RELAX   SOOTHING   SOAK
HOT   CANDLES   MUSIC
WATER   BATH BOMB   BOOK
SALTS   LOOFAH   DRINK

```
Z U I Q N R E O L Q Z B W J H Z
P G B S B O Q R E L A X Z A E R
K N I R D M I O A Z S K F Y T E
S H A A C U V C H N U O Z D B Q
Q O T L H S T L A S O M A C A L
U R O C B I Q W C L S W K K T X
Y E V T X C S F A H X H E U H K
C T U L H U Z F N V P S K K B P
S A L H M I R Q D W T E O H O F
Z W N T E R N I L H L O F L M R
O O F A H L L G E N B D B M B L
R Q F H O T W E S R K X L O O F
```

Lavender Harvest in France

JULY PROVENCE PURPLES
SUN STONE ABBEY BLUES
FIELDS BLOOMING PLATEAUX
HARVEST WAVING SAULT

```
V M C D T B V X U A E T A L P N
E N J U S O L I J Z I G F I E L
H T A J T P X O B E A E D L Z Y
W L F U O R P R O V E N C E L U
A U U I N U J Y F M T A V U E S
V A B D E W U T S E I L J Y H S
H S C E A L X Y E B B N R X A O
A I O V B R D A L L F R G P R A
R M I L B O L S P O U Z Q N V W
S N V N E O U P R O Q B L U E S
G Q U W Y G M L U W A V I C S A
F S J P L A T X P F I E L G T B
```

A Very Old French Perfumerie

GALIMARD
PERFUMERS
KING LOUIS XV
LAVENDER

TUBEROSE
ORANGE
OILS
DISTILLERY

SECRETS
SCENT
BOTTLES
SOAPS

```
Y R E L L I T S I D V K D L R M
K G N B O T L N T X O R I A B S
N A H W C S W E S S Z R S V O L
P L Z F V T X I T U E W A E T I
E I P E R F U M E R S C K N T O
R M S K S O A B A V S P R D G A
R A A C L V U O E L P N K E W E
F R E G E H V T D R A R I R T C
A D N A H N L T I Y O F N L W S
X I Q L M R T L S V S S G Q T T
K H Y S J T B E T A M R E U K B
B O T L A R Z S L L Y N V I L S
```

Tropical Fruit Basket

MANGO PASSION FRUIT DATES
GUAVA LYCHEE SAPOTE
BANANA DRAGON FRUIT COCONUT
KIWI STAR FRUIT PAPAYA

```
K D V C D F C O C O N L Y W F E
D I T I U R F N O I S S A P C E
R F W S S I A N R E J K Q A T H
A S C I P A P G T G U A E P U C
G S T M B A Y A O I W I V A N Y
U A L S A T D R A N G N E Y O L
V P A S N N Q C O C F M B A C E
R O F P A S G L Y A C R S D O B
X T Y E N U Z O U D X M U Q C A
B E S T A R F R U I T I W I A N
P S F V E P C W Q A G U A V T V
S I A C H Y N D P A S S I N F A
```

Tiffany Studios, New York

FAVRILE
WISTERIA
MOSAICS
DESIGNS

MADISON AVE.
ART GLASS
IRIDESCENCE
DESK LAMPS

COMFORT
BRASS
POPPIES
AMBER

```
M K A P O P P W I S T S R B N B
L A R T G L A S S R Y Q E W N R
B R D E S I H K O G Q S B T R A
D S K I A M B F A V P N M X B S
W L W X S Q M D I M O S A I C S
I R I C P O P P A O P C F D N Z
S D V K C K N L T Z P O A E T E
T E U M B R K A S E I M V S F T
E S A I C S Z Y V F E F E I C S
R N Q F E Q A R L E S A Z G L A
I R I D E S C E N C E C R N W S
A F P M A S E L I R V A F S L H
```

Knitting

KNIT
PURL
GAUGE
SWATCH

FAIR ISLE
SWEATER
CABLES
STOCKINETTE

RIBBING
POM-POM
RAVEL
PATTERN

P C A S W I B B L C A B O D R Z
W A I B V A L R V E E K N I U F
S B T I R B U I O T V Q T S R A
W L M T W P T X T W S A H W I I
E E T I E K D E G A U F R G B R
U S W N H R N M R E A B S W G I
Y W A K M I N P Y I Z P W C N S
A E N P K H C T A W S O E H I L
T A M C G L K E O D N G A C B E
B V O P J D P O M P O M T S B U
B T G A U G E J W K I G E N I Z
S J T K P F G O A S W E R B R X

Nut Candy

CASHEW PATTIES
TURTLES
PEANUT BRITTLE
ROCKY ROAD
BUTTER BRICKLE

TOFFEE
TOBLERONE
ALMOND ROCA
PENUCHE
PRALINES

```
Y K O B U T T E R B R I C K L E
C A S H W N P Y N E M P W Y R S
E L T T I R B T U N A E P O K Z
S M Q U J Z L P F T K N E L Z T
E O S A R Y N E F O Z U N R O C
N N E I T T L A I B O C K F S A
I D B W O B L N E M K H F P R H
L R J C F E N E N O R E L B O T
A O S R F A M N S N E R U C H E
R C A S H E W P A T T I E S U W
P A F Y Z B D A O R Y K C O R B
```

Boardwalk

TAFFY ROLLER COASTER BOOTHS
CAROUSEL FERRIS WHEEL PRIZES
PHOTOS COTTON CANDY ARCADE
TICKETS SOUVENIRS HOT DOG

```
S O U V E R C Z R R H T D F F Y
Y D N A C N O T T O C X P V R S
D C B R O L L E R C O A S T E R
N P W S I A T Y U V H R Y H T I
C H H Z K L T Q J H R C W P J N
A P D O J G E A I O O A S R C E
R O R X T I C K E T S D R I K V
O U M I C O F H O D A E T S E U
U S Y F Z T S E L O Y F H W U O
S R C A D E A U L G R N F S Z S
E F E R R I S W H E E L D Y P F
L O L L E R C O E S H T O O B A
```

Day at the Beach

BIKINI
SANDALS
PICNIC
SWIM

SANDCASTLE
TOWEL
UMBRELLA
SUNGLASSES

BONFIRE
TIDE
SHELLS
FRISBEE

```
N K L A R I W F Y S T B S H L A
S A N D A L S H S H Z I G L D S
P B K T A J L U U O L K D P J A
Y A O G B K R F N B R Q B E C N
U K U L E W O T G P E D O I Y D
I M S F R S H E L L S M N F I C
N Z B C P U J M A K V C F A M A
I Y E R W I I Q S F I M I U Z S
K S F R E W C V S P W E R S E T
I H W T S L Q M E T L M E C O L
B L M F R I L C S B O N M I V E
Y D L D W B S A E E B S I R F L
```

Impressionism

MONET   CASSATT   PLEIN AIR
DEGAS   MORISOT   LIGHT
RENOIR   CAILLEBOTTE   COLOR
SISLEY   PISSARRO   PAINTERLY

```
L I G H T V R I A N I E L P T D
P Z K E O W G C P G C O L R S E
L Q N S D L R O U I A L Z M H G
N O A Q I S L L B L S R R O E A
M P I R O S Y O P Z S S U N C S
T Z G I U P L R A K A T A T T E
C E M O R I S E I Y T O O R T Z
P A I N T E R L Y C T S P N R T
L H S E C A I B T R I E N O R O
E Z I R I Q N M F R U Z O W B V
C O L Q H E T T O B E L L I A C
D E G S B W S M H L X A N W Q V
```

Key Lime Pie

FLORIDA   AUNT SALLY   TART

BIG SLICE   WILLIAM CURRY   ZEST

ON-A-STICK   KEY LIMES   JUICE

MERINGUE   CONDENSED MILK   YOLKS

```
W N O U E S T C O N D N S C E B
I I P J M E R I N G U E Y O L I
Y D L Z E A S E M I L Y E K V G
O T F L A U L S A L A V O H O S
L F L C I A J W I L L N G C W L
C H O Z L A U X C O A R E M L I
M N R K L I M D E S N E D N O C
T A I M O T N C T B J C F Y L E
A E D C S J U I U X M I L O B A
R H A E I E C D G R G U O L N U
T R Z L O K W I L L R J R K P N
A Y L L A S T N U A V Y D S T S
```

Lizzy Bennet Visits Pemberley

GALLERY
PAINTINGS
MR. DARCY
GEORGIANA

DERBYSHIRE
FINE WOODS
HANDSOME
ELEGANCE

LOFTY
OAKS
VIEWS
TASTE

```
O V L Q J D H M F E L E G N Y X
E A N O G A L L E T V Y L R C R
M F S L F T Y C U A I R O V F Y
O L H Y E T N F Y S W E F L I A
S W E I V A Y W Z T S L S U N R
D O R T G S R C A E G L I A E H
N A U E Y C R A D R M A I T W I
A D L L R V P E B C G B U O E
H E D E R B Y S H I R E N S O V
P R H A N D S M G O U X K Q D J
Z B O U V X D Q E T V A F R S C
P A I N T I N G S S O U N M J T
```

Mr. Rochester Proposes to Jane Eyre

OATH
BLISS
STORM
KISS

LAUREL WALK
NIGHTINGALE
CHESTNUT TREE
LIGHTNING

MOONLIGHT
PASSION
VEHEMENCE
MIDNIGHT

```
O N G S M O O N L I G H T L K D
U A C T W A U I V P M A Q N L O
R V T A L T H G I N D I M S A A
H E G H I R P H L I G H N S W T
C H E S T N U T T R E E M P L P
K E S L A U R I M P M V E H E M
D M S T K I S N V U A Z C S R B
P E M I O S J G K I S S H M U L
A N A S I R W A B L Z P S Y A I
S C V L U O M L A U M I D I L R
S E B H I M U E N I G H T N O E
I G N I N T H G I L I O O N G N
```

Nature Walk

BREEZE
SONGBIRDS
HAWKS
BUTTERFLY

WATERFALLS
LARKSPUR
MEADOWS
HIKING BOOTS

PINES
STREAMS
DEER
FOX

```
B U O O T S V W K I H X M P L G
L U S N S K W A H J A V I E H L
B R T N B J N T Z S O N R O I C
K Q R T A W C E D Y E N M B K R
Q A E N E C H R S S Q V E R I L
E P A S V R I F Q U W M A E N L
Z A M V G B F A B I H V D X G I
E T S E G I E L Y H L A O Z B F
E A E N L C X L Y F I F W E O R
R Z O L A R K S P U R W S Q O T
B S C P W M N S C W D E A N T A
D I K I R E E D A L A R K P S W
```

Spring Bulbs

TULIP
DAFFODIL
CROCUS
ALLIUM

NARCISSUS
DUTCH IRIS
RANUNCULUS
STARFLOWER

HYACINTH
FREESIA
BLUEBELLS
MUSCARI

```
S U S S I C R A N M U U H J T B
F R C T M W U A S I R A C S U M
T D A F F O D I L R K B R Q L E
T M D Y L T R R S A C L E Y I T
U T B H W I A A N F U W Y X M
L Q F C H S L D J U L E O S U L
I H U C C L P O H N G B L I Y J
P Q T K I R Y S S C L E F W L K
D U O U C U O F N U Y L R R S C
D J M L K T X C Z L F L A Q L U
H Y A C I N T H U U C S S T T M Q
Q M F A V F R E E S I A S R V I
```

Women of Downton Abbey

CORA   VIOLET   ANNA
MARY   ISOBEL   DAISY
EDITH   ROSE   HUGHES
SYBIL   PATMORE   O'BRIEN

```
G P V I L C O R A U H K K E A X
A Y T K S L M A B G O G D N A P
M D R I A O P N Z B P I N B F L
L V O K N A B N O A Y A R U A O
U E S F B Z C E T O S I Q A E M
X S E H G U H M L A E N D X Y H
V I O Q W B O H B N P C A M G X
E D I U L R R H T E L O I V E V
M B F A E M A H X N R F S Z D I
G A I C O R S J H L F O Y K I O
Z A R S Z R K G S Y B I L G T L
D Z Z Y B Q D A I S W H B Q H Z
```

Dinner at Downton

WHITE-TIE   CANDLELIGHT   COURSES
GOWNS   CRYSTAL   SERVICE
GUESTS   STERLING   FOOTMEN
EDWARDIAN   ETIQUETTE   CARSON

```
C A N D L E L I G H T C P C U E R
R B Q E I P U L N E M T O O F E E
K G O F L S A H Z E T F M S J G G
F O D C E T T E U Q I T E X N X X
C W O V S P C E D W A R D I A N N
C N P Y Z A I E C W H T L E X C A
A S R O P T K H C O U R Z K R T T
R C W Z E S N Y M I E I P U Y T T
S M K T M C N A J T V A W Q I C C
O H I G U E S T S R N R D B V N N
N H E J P Q A N E X C G E W N S S
W S E S R U O C L S A S M S D N N
```

Hats and Trimmings

BRIM
CROWN
QUILLS
PLUMES

CRINOLINE
NETTING
RIBBON SPOOL
ROSETTES

FLORALS
LACE
PEARLS
TULLE

```
W Q X I Z L M V Z R C C W B T I
E N L B C N A U E O S R A O Z G
N P E R I B B O N S P O O L H T
I E J I X F U R L E S U V W C U
L A I M N O H A H T F Q E P N L
O R J U C E S H B T M E C F J C
N L I R B L T Q T E I R A S Q R
I S T O A Y H T U S S C L P B O
R L W R Q W M B I R E L G A P N
C U O S E M U L P N I Z R Z K C
P L U R B B N M I U G L U I T Z
F N A C E L U D Q X O T U L L E
```

The Hats of Ascot

OVERSIZED
SCULPTURAL
AVANT-GARDE
WEARABLE ART

BOATER
CARTWHEEL
PICTURE HAT
SAUCER

JINSIN
ABACA
LAVISH
CURLING

```
A H X D E Z I S R E V O S C J A
B Q B S W H B T L O L C A U W V
A T L O J I N S I N A R U R H A
C N A B A E Q K L S R L C R C N
D J V E Q T S E L C U R M A L T
G Y I T F L E H W A T N B S L G
N W S G T H N R D U P A R D V A
I L H E W E A R A B L E A R T R
L F E T Z Q V L P J U N S I M D
R B R Q T Y A A J S C U L P T E
U A P N C R E C U A S Z B O A T
C F I P I C T U R E H A T F H L
```

Angel Food Cake

CAKE FLOUR   EGG WHITES   SUGAR
SIFT   STIFF PEAKS   MIXER
TUBE PAN   CREAM OF TARTAR   AIRY
VANILLA   STRAWBERRIES INVERT

R A I R M T F I S J Y C S Z S E
T A N I I V E G W R R G G E C Y
U S B E X N G Y E Q I K I N V C
B T C R E A M O F T A R T A R A
E I Q G R L A I K B R S V J G K
P F T T R L P E S E R T E O W E
A F S V L S B Y B U A R X I T F
N P N I F W U W I H Y P N Y H L
L E N L A P A G Y O Z V H F Z O
X A H S U R H G A R E W T M X U
V K T V T F J V R R U Z C E I R
E S M S T A S E T I H W G G E Z

Ball Gown

PRINCESS SEAMS
DUTCHESS SATIN
SILK ORGANZA
HOOPSKIRT
HANDSTITCHING

LIGHT
ELEGANT
STAIRCASE
DANCE FLOOR
SWAROVSKI

```
Q B S R D A N C E F L O O R T A
P R I N C E S S S E A M S E R I
S T L K S S E T C U H D L A I K
W A K H S L H S A V R E W S K S
A G O C N G V D K I G H T L S V
V I R O I H O I N A R Y Z I P O
K L G L E R E L N S E C E G O R
V Z A R K W C T M U Z J A H O A
H A N D S T I T C H I N G S H W
E S Z G V A R W J Z S Z V C E S
I T A D U T C H E S S S A T I N
```

Get Carried Away

HANDBAG CROSSBODY BEADED
TOTE SATCHEL METALLIC
CLUTCH BUCKET BAG CRYSTALS
SHOPPER LEATHER MONOGRAM

```
U S H O P P C R S D B G V U G I
S D A L L T A M R S A T C H E L
L R K C L U Z E O J N S T L T F
A B J Z O E H H A N D B A G A Z
T E U D B T S E M T O V M L L C
S A L C A Q B U C E B G D O T L
Y D X E K Y D O B S S O R C N U
R E L A K E Z M O N R U R A O T
C D E E V C T C I L L A T E M C
H C R O S S D B R Y S T L O B H
R E P P O H S Z A O M O F P T O
Y L E A T R P L M G S R W M A E
```

Bergdorf Goodman, 5th Ave.

SECOND FLOOR   GUCCI   MCQUEEN
SHOE SALON   ZANOTTI   AQUATALIA
LOUBOUTIN   PRADA   FERRAGAMO
GIANVITO ROSSI MANOLO   VALENTINO

```
A M T C W O M A G A R R E F P N
N Q O W G A Z T Q W Q U T A L I
G I U Z D S E C O N D F L O O R
N M V A Q U H B O U T G I L H V
I C R N T L U O Q R I U Q O R A
T P H O N A M C E I W C C N G L
U F M T V O L R E S V C M A I E
O E G T N I H I N S A I B M V N
B R U I T F E R A W Q L T H N T
U R C G I A N V I T O R O S S I
O A Q U C C Z P S Q L A J N G N
L V S H F M C Q U E E N P M E O
```

Try on Louboutin's "Douce du Desert"

RED SOLES	CINE STRIPES	VAMP
SLENDER	BOLD COLORS	CHEEKY
CRAFTED	SHINE	ANKLE BOW
STILETTO	AUDACIOUS	SUBLIME

```
R S H N Y R K H C X A U D C P S
R E C I N E S T R I P E S M S U
Z Y D R L D T Q A N M T A C T H
V K H S T N P L F L O V J A I S
S E A U O E A G T Y W Z E N L U
T E U B N L V T E C H E Y K T O
I H D L Q S E Y D L A J L L T I
L C A O D H D S U B L I M E Z C
E K I S F N T T B C I N N B P A
T B O L D C O L O R S I F O H D
T R D S O L S C H K H R F W Q U
O D C R A F D T E S S V M P C A
```

Try on Louboutin's "Cosmo 554"

POINTY TOE
TROMPE L'OEIL
SENSATIONAL
KINETIC ART

GOLD
SPECCHIO
BLACK
PATENT

CLEAR PVC
CUT-OUT
DARING
ARCH

```
S E S D R S T G L T R K I N E T
C Q L C B P K D A R I N G T G R
H O A P L E O G L A J B L N N O
G Z N I K C N I R C U Q Z E S M
A R C H N C S D N I K N R T E P
P Z A E K H J A F T R L Y A N E
G O L C O I C C H E Y C L P S L
P T A L I O U I O N M T U O A O
R L A U X G T V N I R N O I T E
B T R O M H O A B K T C Y E A I
K I N C T D U C L E A R P V C L
Q L A N O I T A S N E S E K Z N
```

Golden Age of Hollywood

BOGART   CARY GRANT   GARBO
BACALL   CLARK GABLE   BERGMAN
ASTAIRE   ERROL FLYNN   HEPBURN
ROGERS   JOHN WAYNE   OLIVIER

```
E G A R B E R R O L F L Y N N Q
L N F C V M B B G L Y J L T I U
B U R W R O H E J E V O B N B B
A Q B A C A L L R E Q H E A V S
G H R T O B U I O G A N H R M Q
K O G R L V A K R R M W Z G B H
R L L N Y T G T R L Q A R Y Z E
A U V I S G A R B O P Y N R B P
L O A A V N K Z N G G N C A A B
C A Y B V I H E P B F E L C R U
T R A G O B E W A Y N H R I J R
Z V C A R U G R T Q U Z M S K N
```

Casablanca

MOROCCO
VICHY
AIRPORT
VISAS

WARNER BROS.
MICHAEL CURTIZ
AS TIME GOES BY
PLAY IT AGAIN

RICK
ILSA
LASZLO
LOUIS

```
E P Y B S E O G E M I T S A S O O
O L J V W J V I H R Q F Z O U D
Z A S M I C H A E L C U R T I Z
S Y M H J C B L F I V B N A E T
A I F Z L R H U Q Z R Z O I S U
S T C R V M N Y E E C L K R V W
I A S I W Q E I N C Z A Z P O U
V G A C U A J R Z S U J T O S Z
I A J K H K A Y A E I S E R I L
V I C Q F W K L T O L A T T U O
Q N E A Z B X L M C S V R B O U
M O R O C C O Y K N A H M I L A
```

Shades of Blue

NAVY	CORNFLOWER	PRUSSIAN
ROYAL	PACIFIC	ELECTRIC
TEAL	TURQUOISE	MIDNIGHT
AZURE	WEDGWOOD	ROBIN'S EGG

```
E A O M K J R O B I N S E G G Q
P L G G J N E A D K Q S Y R X B
A J E C D X M O Z C R K N O S K
C T T C W I O Z P O F L S Y I H
I O G T T W G T Y R Z E K A I N
F H Z G G R H H Y N D Z L V A
I R W D Y G I D D F A Z U R E I
C H E B I Y J C H L W H Q F L S
U W N N T U R Q U O I S E R G S
V F D P A F R P D W U D Y Q X U
I I D R S V T H P E L A E T Y R
M J R U Q R Y R B R W T Q U O P
```

Greek Islands

BLUE SKY
DOMES
CHURCHES
SUNSETS

FISHING BOATS
SEA
WHITE CLIFFS
GARDEN POTS

FRESCOES
FIRA
GROTTOS
DONKEYS

```
D A P F F K Y S G T Q Y R S B S
O O B L Z I E I S R Z K U R X T
N J M X W H I T E C L I F F S A
K D E A C N J L S E Q C H I F O
E A O R S B G A U H R J P A R B
Y L U M R D L O N B A E S C E G
S H M G E P K U S C S L A A S N
C R Q Z R S H W E O B R E I C I
G A R D E N P O T S I H Q G O H
H Y H Y O G N A S F K P W H E S
X W Y F U E C E H U P Y L B S I
C Y I H S O T T O R G U O C M F
```

Perfume in Pretty Bottles

SAFARI HOUBIGANT LALIQUE
GIORGIO ANAÏS ANAÏS SILLAGE
TOCCA OSCAR MINI VAN CLEEF
FAUBOURG CHLOÉ CHLOÉ BURBERRY

```
C V A G P E U Q I L A L T C B J
O L N S Q Z V N K T D N F H U R
E R A L R B T C O U A L A L I C
G M I O M H U C T G O Q U O A G
I P S R I Q C R I C S P B E U R
O B A Q A A N B B E C J N C A U
R E N C U F U S G E A W U H L O
G Q A C M O A A B U R R E L I B
I Y I T H R L S N Y M R G O Q U
O Z S C V L F T J O I H Y E U A
S I L M I O E G V A N C L E E F
T O C S P C H L E O I Y O R I G
```

Chanel Nº 5

COCO
PARFUM
EXTRACTS
AMBER

YLANG-YLANG
BERGAMOT
MAY ROSE
SANDALWOOD

JASMINE
VETIVER
NEROLI
VANILLA

```
M B E R G A M O T H P N M G S W
O A M W K I J K B A S A N P A O
U F Y R L U E U O U M A R O N Q
M V L R E V I T E V L B T L D A
V A O G O C Z V S Y Z Q E I A R
E N J N Q S N L G C I V Y R L F
N I A R D N E N L M O X P L W X
I L S V P X A Y U G Z C H V O I
M L V E P L U F W O J A O T O L
S A T C Y N R M Q I P X R N D Y
A T R O C A Y J R P N E R O L I
J A E L P Z S T C A R T X E J U
```

Super Challenge: Silver

Can you find
SILVER
in the grid below?

```
V I I S E R L R R I S I L V I L
R V S I L E S L R I L S I S V S
V E R L V V R V S I I V L S R V
S L V V S I L E R E S R E R L V
E L S L E S V E V S I V E L E E
S I S R R I E S L L V V E E R R
I S V V I V I I R L V V S E R I
L L L S R V S R I V L E V V I I
V S I E V L R V L E R L R L R V
I R I I S L L E R L I R S E I S
I V V E S R S S S S L I R I S R
S S V I S I E V L S E S I S E E
```

Super Challenge: Gold

Can you find
GOLD
in the grid below?

G O L O L O O G L D D O D G G D
L G D G G O L L G G O O G O L O
O O O L O D G O L O O D O G O G
O G D G L G G L D G L O G G D O
D L G D L L D O D G O G G O L L
L D G O G O G L O L G L O L G O
L G L O L D D G L O G D G L D O
D G O L G D D G O G G O L G L G
G O L L D L G O O G L O D L D D
O G G D G D L L O L O G D O D G
G D L G L O L L G O O G L O O O
O L G D G D G O L G D L O L D O

French Antique Fairs

RAMBLING   ARLES   FIGURINES
STALLS   SAINT-OUEN   POTTERY
CANOPIES   ANNECY   FURNITURE
UNCOVER   ALL-DAY   CLOTHES

```
B F Z W U E B A S A N N E C Y G
R E V O C N U E Y S L M B G Z N
R J A L F M N T I A M L C J D I
I P K I U I Z U S I Y W D I K L
U C T S R F G T Q N D B S A L B
L B L U N D P O T T E R Y Z Y M
R C G O I N I S K O A F U D I A
T I F S T A L R Y U T R I C L R
F B G V U H O N J E A C L D A V
U N C D R C E Y S N Y M E E T E
S A I N E G T S L L A T S Z S R
A Q V O S N H D C A N O P I E S
```

Square Dancing

CALLER COUPLES PINWHEEL
COSTUMES BEAUX PROMENADE
TRADITION BELLES ALLEMANDE
QUADRANTS DOSADO SASHAY

```
L C X Q L L E B E A X U B S D O
E D O U W H Z D S T L P T F L H
E T A L A M N E R E I N C O U L
H X P R T A L O B K A Q X A F P
W M S E M P C X Z R M F B E L R
N C D E U T R A D I T I O N D O
I A L O L H I A D S O F R J B M
P L C Z P L U R O P A L U E T E
A L Q I R Q E T S R W S A A E N
O E A D O S Z B A O S U H E U A
M R W H M V C S D L X Z Q A B D
S E M U T S O C O U C F Y G Y E
```

Warm Oven

MUFFINS   GLAZED HAM   COBBLER
BREAD   CABBAGE ROLLS   BISCUITS
PIZZA   POT ROAST   HOT DISH
QUICHE   APPLE PIE   CASSEROLE

```
C O B L T M D S E L O G S H L L
A P P L M F U I P S D L N S G L
S Q G D B I P F P A L B P I Z O
S U O G C E B B F O B R M D P G
E I F F L G Z F R I B E P T O Z
R B U P C D Q E I U N C U O T F
O M P L O G G U B L D S A H R O
L A S Z B A S T I U C S I B O D
E G L Z B L S O L C P I Z Z A B
D O L B L D E U H T H L O E S B
G L A Z E D H A M L L E R P T O
O C D L R O C A B B G B I S C U
```

Simmering Pot

STEAM
BUBBLE
BOIL
STEW

DUMPLINGS
MARINARA
PAELLA
BRUNSWICK

CHILI
CHOWDER
STOCK
ROUX

```
C A U Q L A G B A S T O J K U I
H H Y B O I L R B V S A W F N F
R S I Y S T A U O U D T I X O U
Q Z H L P N L N X O B L C P R F
X R Q C I E W S Q W G B K S E Y
U K M R O U X W S D B G L B D A
D I A R S G N I L P M U D E W M
R M S P L V M C K A D K A P O V
O Q X T U C U K A E V C U L H S
G C F A E D U M P L I O G I C T
E O X U C A O E V L J T D N M E
P A E R I U M O X A W S T E A W
```

Kitchen Garden

OREGANO   RAISED BEDS   TOMATOES
ROSEMARY   RICH SOIL   PEPPERS
BASIL   STAKES   ZUCCHINI
GARLIC   LABELS   SNAP PEAS

```
D Z L A L S P E P R G T B D V O
R U O B E S N A P P E A S L N V
I C H K R E O R E G A M R O C S
C C A I O A B A S A Q H B L E U
H T R A I N I H C C U Z H O I H
S Q O B P E U S V J L A T N W C
O M S T A I A B E L S A N A C R
I A E P C S S Z N D M T B G Q O
L C M R A S I U L O B K P E A L
A O A N E B P L T C Z E M R L M
T S R E P P E P B C P W D O K S
L R Y G A R L B M H P J F S T I
```

Clothes for Gardeners

CLOGS   STRAW HAT   GLOVES
APRON   OVERALLS   VEST
SCARF   KERCHIEF   TOTE
SHIRT   SEED WALLET   TROUSERS

```
W G A E T F O V E R A K R N D B
L O L T S R N P H S E R O U R G
G P U O E S C A F T D R O S H I
L T K A V Y I V O R P E V T C L
O F C E S E E D W A L L E T K G
A E L V R C S W C W N R R U C R
V T O C W C T O L H P V A R T E
T D G E S T H S G A U E L I O K
L R S J R W A I Q T B P L R T H
K B I S E E L W E N V D S W E A
O Y S H K U R C Q F R R T S O V
F R A C S S S R E S U O R T N U
```

Chocolate Delights

MOUSSE   CHERRY CORDIALS   ÉCLAIR
TIRAMISU   DEVIL'S FOOD   FUDGE
PUDDING   BROWNIES   TRUFFLE
SOUFFLE   LAVA CAKE   BONBON

```
D E V S F T I R A M V R L C A K
S C H E R R Y C O R D I A L S B
V O Z F I A E S F U V W V F N R
M O U S S E Q S U S I M A R I T
C V K F A V A L B S U D C H M E
A E P X F C N O S T R D A I O C
K A U G Q L N Y C O R V K N U L
F U D G E B E F M Q A U E G S A
L T D O O F S L I V E D F D Z I
C Z I N P U D D B O N B G F E R
H R N E C L F P S O U F N M L C
E R G L A R B R O W N I E S A E
```

Baking Cookies

PREHEAT   FAMILY RECIPE   MEASURE
OVEN   ROLLING PIN   DOUGH
CRISPY   COOKIE CUTTER   FUN
CHEWY   LICK THE SPOON   DECORATE

```
W Q J N P R E H E R O L X U N A
F A M I L Y R E C I P E H N I H
L Y C N M E A S U W C R G Y P U
D G R E T T U C E I K O O C G L
P O A E V M J H T F Z V M L N E
R L U C O O K E A E C E J U I W
E H C G L V B A R O C N F S L V
H L R O H E W U O N D H F O L J
E L I N W S V C K T T E R O S
A Y S L L A T V E E X H Z W R J
T E P I E Y L Z D O U H L Z Y A
G H Y M L I C K T H E S P O O N
```

Linen Cupboard

WHITE TABLECLOTH FRENCH BLUE
LINEN PLACEMATS TURKEY RED
PERCALE NAPKINS GINGHAM
JACQUARD RUNNER FRUIT PRINT

```
T U R K N Z J A Q U E F P E R C
W H D E R Y E K R U T R C L J S
A O N P E R C A L E Q U G I N G
C I F R E J N B G D U I Z I S W
L F R U Z A H W E N A T K Z T H
T A B L E C L O T H F P E R A I
F O U N N Q E S U L A R H A M T
U E C E D U A V R N H I G Y E E
I L R S K A L E K C A N A P C I
G F J B I R E N N U R T C B A J
E N H C V D I T A J P P T U L A
Y N Q G I N G H A M K O Q N P I
```

Clear Glass on the Shelf

STEMWARE
PITCHER
CAKE STAND
DOME

CORKED BOTTLE
CYLINDER
BUBBLE BALL
APOTHECARY JAR

BOWL
PILLAR
CUBE
SWAN

```
B P T V X O V M C B O W L R P F
Y U N E L T T O B D E K R O C Y
A S B O M J Z D O B U B B E Y I
C T I B L O H C P I L R S W L N
A E J N L P Y U A R E H C T I P
K M A H P E L H W K S T E M N W
E W I Q M C B W S O E K R A D O
S A J O A U P A Z C D S D A E B
L R D L W B R A L L I P T M R U
O E S L L E Y U H L J B N A R B
Q A P O T H E C A R Y J A R N B
U T T C Y R T L P I T C S T E D
```

Country Inn

TREES   BREAKFAST   DRESSER
PORCH   SIDEBOARD   SOFT BED
GARDEN   SITTING ROOM   BATHTUB
TEA   LACE CURTAINS   LAKE VIEW

```
S P B R S D S E K P S A H R L Z
I L R O O E J I N D O A R S A R
A M E L A K N W D R E R L T K O
E W A C R E M I Q E O M C R E O
T R K E D L V J R S B E A H V N
E H F R F M D Y K S Z O K F I A
B D A T Z E N S E E R T A L E J
Y G S N B P K C Z R P L W R W F
S I T T I N G R O O M N M N D S
Q L F C E G A R B A T H T U B Q
N O E I T U R E M L Z Q F F S O
S D R E L A C E C U R T A I N S
```

Queen Anne Chair

BAROQUE
FORM
SHELL
SCROLL

WINGBACK
CUSHIONED
CABRIOLE
LEGS

POPLAR
WALNUT
CHERRY
PAD FEET

```
S F M P X W I N G B K L F I H W
B W I A C U S H I N L B S O M A
A C B D H L L Q Z O W A L N R L
R E H F A Z J K R C S R F X L M
O H D E Y I L C A B R I O L E V
Q C G E R V S A Z S L J P F G T
U U E T T R S B V I H C O M S K
E Y R M W K Y G W T K E P A S D
V Q O N L Z A N R J Z F L E C J
P M I D E N O I H S U C A L H S
A W A L N U T W B A O Q R K E S
F E F T L Z R V H S H M Q T F L
```

A Cozy Scene from Little Women

MEG   MARMEE   SEWING
JO   FATHER'S LETTER   SONGS
BETH   WARM SLIPPERS   OLD PIANO
AMY   FIRESIDE   BEDTIME

```
E H J N G E V M E U Y R E W S E
M L E R Y C F I A R C B A M J R
D O M T S G N O S R G R M E F S
F A I P W T T I J F M S B K B F
I G T F A T H E R S L E T T E R
R W D Z B E B G L R H T E P U J
E R E A T R E I A M L T S G Y W
S A B M C Z P I B E S O E T S A
I M X Y M P W A P G R Q W B R M
D T A N E A Y Z L P M I I S F S
E K T R B E O L D P I A N O A L
W L S M A R H I O B E N G N L I
```

Fancy Ribbons

SATIN
STRIPED
ORGANZA
VELVET

TAFFETA
DRESDEN
PLAID
FAILLE

FLORAL
GLACÉ
MOIRE
BROCADE

U P L A I E Z L H C O S A T I N
D S F G L D N W L K A M I H I C
T R K L V R A H G A O J O Q B A
A F I A E E Z L Z J R R L I R F
F A C C W S O V K Y G O A V R A
F B X E D D R G L A A V L X C E
E I R Z T E V L E V N L D F A Z
T R A O U N E C P F Z I A D E I
A Q K D C X J N T H A Q O J R U
U J M P I A S T R L D E R Z W Y
R L V O C T D H P Y R S V V T P
X A I B F L X E D E P I R T S O

Cake Decorating

PIPING BAG   BUTTERCREAM   SWIRLS
TIPS   FLOWER NAIL   SCALLOPS
PETALS   ROYAL ICING   FONDANT
LEAVES   FOOD COLOR   TIERED

```
P I P N T C L S W I R B F L O W
B W F A I Y P E T L G U R E R T
U C O L E O Q D S N Z T I P S L
F L N F L O M E I W M T W E S I
T C D L R T S C Z S I E O T H A
T R A R O Y I R S E P R F A E N
R C N G J L A E Q V A C L L G R
S D T Q A R O Y R A I R O S O E
R L F Y D B U T R E C E A L L W
F O O D C O L O R L D A Y O I O
Y R W Q P M J N A L S M A Q Y L
K D P I P I N G B A G L L A E F
```

Baby Shower

BALLOONS HOSTESS PINK
SURPRISE PUNCH BOWL BLUE
BANNER BAKED BRIE GIFTS
PARTY FAVORS SHEET CAKE GAMES

```
E S I R P R U S C B U O W L J S
L S V O E S P S E M A G E T L H
L Z B O P Y Z U B N R K I U O J
F N A U G I F I N Y A D B N L C
O S K B A N N E R C V B A C G B
V H E W O O W K T O H N L W I A
U P D O Z M V E B E K B L P F N
C I B F S S E T S O H E O H T N
A N R P C H B Z L W O J O W S S
K D I B S L P I N R C I N K L G
Q O E L H Q G A M F D Y S H E E
E K T P A R T Y F A V O R S A Z
```

Apple Hill

BUSHELS
RED
GOLDEN
DELICIOUS

APPLE TREES
GRANNY SMITH
MCINTOSH
PINK LADY

GALA
PIPPIN
CIDER
PRESS

```
R E D Y B S L E H S U B T P T N
S I A P P G A D E L I C L W I M
N S J L C R P I N H A I C P C C
C I E G I A F U J L Y O P S V I
Y L R R F N E B A E G I A N A N
D O L C P N D G B V P K R Y L T
A G R A N Y R E O P Z G A R L O
L P R E E S A P P L E T R E E S
K R T L X M J N R P D R C D C H
N E D E L I C I O U S E L I S S
I M C I N T H A I P P Q N C H Y
P A U B O H V N B U S H A V A J
```

Fruit Orchard

PLUM   PEACH   POMEGRANATE
MIRABELLE LADDER NECTARINE
FIG   PICK   CHERRY
PEAR   BUCKET APRICOT

```
Z N E C T R C H B U C Q E N Z E
F J P K T J Y C M N P I A R V F
C A V O J R V A I E O C E Y G R
H T C H M D D E R C M D Q R I L
E I B K I E B P H T D O P M H A
R N S M R R G Z X A P R I C O T
R W U I A F I R L R E L M P K D
Y L G R B Z F F A I M I N E V Y
P M K D E P O M T N K C T A R N
T A C D L C R H Q E A D D R B S
A E I H L T E K C U B T E Z A D
Y P P U E E R L Y N M I E P O M
```

Lunch at Red Lobster

CAESAR SALAD SCAMPI   SIRLOIN
LOBSTER   GRILLED   POTATO
BISQUE   FRIED   BUTTER
OYSTERS   CALAMARI ROLL

```
X Q F H U O P L L J T R L X C W
N N X G R I Q U I O I P T O C N
I J K N V Y Z D T Q B E B D A P
O Y S T E R S A N U U S Z I E S
L T L S L J T U D E T B T X S Q
R C K L Y O M E O Y T S P E A I
I K O S P Y L F B P E C R O R P
S R Q U D L I R X I R M I C S M
G A N S I R L I U Q S P B Y A A
R O H R P Q E E Z E H Q X S L C
E L G N G D C D T T R B U R A S
B I S I R A M A L A C A Q E D I
```

Bingo Night

BUY-IN
CARD
DAUBER
FREE SPACE

CALLER
BINGO CAGE
BALLS
BLACKOUT

EARLY BIRD
WRAP-UP
LUCKY JAR
JACKPOT

P T N E A B D H U Q L F S V L R
M C A R D U C V A L R C N E U B
F E D A I Y B U Z U A B A Z C W
R X A B N I V D A U B E R T K S
E E U R G N B W T L Q Z O P Y T
E A B X L T M L U X B P Q U J F
S L L A B Y R U A S K F R P A B
P W O R A E B E O C A L Z A R L
A R U Y L C W I A L K E D R H C
C P J L G P H J R N G O A W C K
E H A I C B U Q T D T Y U D P O
T C E G A C O G N I B I L T A U

Uptown Coffee Shop

LATTE   PUMPKIN SPICE   HAZELNUT
MOCHA   WHIPPED CREAM   SYRUP
ROAST   CAPPUCCINO   DRIZZLE
BREW   ESPRESSO   FOAM

```
O E L Z Z U D F H E T Z P P M K
N D P M E K I N A U P U U D A E
I V R O A S T T N L Z Z R T T S
C S F I M R B L Z A P C Y J P P
C H S C Z B E W L T U C S F A R
U V N C F Z U P R T N A R O C E
P M U P A C L K W E H Y E A M S
P H W H I P P E D C R E A M K S
A J F L G F O N O E D B B V I O
C S Z T T J C M Z A H D R M N A
S E Z G N C S L P H Z M N E O R
E C I P S N I K P M U P T B W F
```

Super Smoothies

BLEND
ICE
VITAMIN
BOOSTS

STRAWBERRIES
BLUEBERRIES
WHEAT GRASS
PROTEIN POWDER

CARROTS
ACAI
YOGURT
CHLORELLA

```
C K S S E I R R E B E U L B V R
D H P R O T E I N P O W D E R U
W B L M Y R A C L U I H A H S R
X O S O E U H Z L E V C R C S K
B O S T R A W B E R R I E S A Q
L S R K R E S H O R F N T Y R H
U T Q F H T L L D O I B A O G P
E S D W O V C L T M Q L O G T B
B T Y R R A E S A A R E N U A E
R P R O E I N T Y C R N Y R E R
U A R O C W I C Q L A D S T H R
C Z I J G V C V G L C I S B W I
```

Old Bookshop

DUSTY   PAPERBACKS   NOVELS
STACKS   OLD BOOK SMELL   ROMANCE
CAT   STAIRCASE   EDITIONS
ALCOVES   TRAVEL GUIDES   HISTORY

```
S G E C A T A L C S O V D L A T
N R Z I E D I T K Y R A U K O R
O S T A I C G C E N O V S B P A
I T R A V L A E A G M L T R L V
T V B M S B R Y S U A N Y C D E
I H C G R O M A T A N M O A C L
D J I E K M A H A E C V H I S G
E Y P S D U S O C D E R T S L U
G A V P T V Q B K S A U I P O I
P O L D B O O K S M E L L A C D
D U S N Q U R I E D I T I R T E
B S L E V O N Y L C F S T A P S
```

Corner Donut Shop

DANISH　　BEAR CLAW　　GLAZED
MAPLE　　OLD FASHIONED　　CRULLER
FRITTER　　POWDERED　　DUNK
JELLY　　SPRINKLES　　COFFEE

```
Q O W A L C R A E B R F C O F E
E E L R L J E L L Y S H R L G Z
Z M C D P E A H T D P O U B E A
R P A S F R I T T E R F L G E R
D O C P Z A N W D R M P L E Q U
F W F R L U S A U E N B E A C L
U L L I T E N H N D P F R O A L
D F F N A J S L I W F M A P L T
T U A H K D G R F W O H S I N A D
N S G L A Z E D C P N H N K T S
K P W E O D R A H N Q E U I T N
T T R S H M F N J E L L D S R D
```

Craft Store

EASELS   SKETCHBOOKS   RAFFIA
CANVAS   GLASS BEADS   FRAMES
BASKETS   BIRDHOUSES   YARN
WREATHS   FABRIC PAINT   NOTIONS

```
A B G S P S S R M R S H S W R E
N I L D A E K Y A R N E R R G C
W R E A T H S E U F M S A E C X
Y D Z E N O I O T A B A F S A O
B H R B I R D H R C A V F N N A
C O U S A E L F R E H E I O V Z
L U O S R S E F A B R B A I A F
T S K A Y H K I V S Y A O T S A
D E S L E S A E J L D S U O P W
A S L G F R A M T K G C S N K C
Q W D H F W G B H S L K B B O S
T F A B R I C P A I N T Q J T H
```

Scrapbooking

PHOTOS   PATTERN PAPER   MARKERS
LAYERS   CARDSTOCK   CRICUT
TEXTURE   POCKET PAGE   WASHI TAPE
STENCILS   KEEPSAKES   CHIPBOARD

```
K E B L A Y S R E K R A M E S K
A E G A P T E K C O P L R Y H C
W K I Y A S T O E R V U W A S O
A C Z G C R I C T E T C H I P T
S T E N H E S B M X P H O T O S
H A U R I Y O T E A Q S Z T C D
I W X M P A T T E R N P A P E R
T Y E R B L S U Z N P G A K P A
A K T N O W H C Q Z C R Q C E C
P H E M A R K I E E P I U T U S
E T S N R E B R P H O T L J R X
L A Y R D P O C K E M H S S T T
```

Embroidery Stitches

SATIN   WOVEN WHEEL   CROSS
STEM   COUCHING   CHEVRON
CHAIN   HERRINGBONE   SEED
PICOT   RUNNING   LAZY DAISY

```
E O S A T I N C U C H E V X D Y
N C R U I S L E E H W N E V O W
O H D K Y C G A P F R U N N P S
B A L Q R H O Z Z K E T S M I N
G M I O X E E U R Y N I A H C A
N E S T E V F S C D D V T C O U
I S W O V R U N W H E A U H T I
R E P I C O R I S N I A I M B Z
R U N N I N G S T A M N X S Q S
E L A Z E D E Z E P O U G P Y S
H G F Z U C S O M E F C H E V R
Y O L W O V N H E F D X T Y U C
```

Antique Needlework Samplers

ALPHABETS HOUSE DATES
NUMBERS WILLOWS VERSES
BORDERS HORSES EPIGRAMS
PEOPLE SHEEP SCRIPTURE

T M Q V P D C W O L Z E O U T L
I S P E L S T E B A H P L A S F
R A E R E P I H G P O N L M E Q
C H O S G Z U P S E U P A B V D
S B R W R N P A C H O R J F O A
H O Y O B E H O R S G W I L R T
H R E L G M V U I I M F Y D V E
D S A L P H N R P E O P L E N S
S A F I S O S E T A Z X I A L N
L C T W F U J N U M B E R S P M
V E R U E S H E R Z D Z O H H I
R G F I J E P M E B O R D E R S

Alaskan Cruise

BON VOYAGE
DECK
CABIN
CAPTAIN

WILDERNESS
EXCURSION
SIGHTSEEING
AUKE BAY

PACIFIC
SEALS
WHALES
GLACIER

```
S P Z R E I C A L G E V O Y S W
I L C B N V W H E L X E C S H H
G R A O P J I G D E C K E E K A
H E P N T G A M L M U N F A J L
E C T P V Y O Y H W R X R E T E
X N A R O G N I E E S T H G I S
C Y I V N E S S D U I S I O B P
R V N J K B T L T V O A E K A N
S O E P A C I F I C N M J A C I
B T E X L W I L A D L F P C L F
W G N I U A J A U K E B A Y K S
J N I B A C U V R V M S G H S D
```

Mountain Retreat

FRESH AIR   LOG CABIN   ELK
FOREST   FIREPLACE   BEAR
PEAKS   QUIET   MOOSE
SNOW   RIVER ROCK   FISHING

```
L W E F R E S M I Z K P B M P F
P O N S N S Q L S K C B E I J E
M Q G F O J E F B L M F C A B I
S N W C Z O R I V E R R O C K E
Q V F E A S M S G F H A R A H S
U O C K L B O N W S O I M E I S
I V B T Q I I E V K A R O C A E
E P E A V H T N P H S R E I N G
T Q A E S R Q B S E N O N S H S
M D R I A K U E R L O C A B T E
O O F I U Q R K C Y W K F Q E I
R C K S E F Z E C A L P E R I F
```

Horseback Riding

STABLES   TRAIL   TROT
BLANKET   CANYON   CANTER
SADDLE   RANCH   GALLOP
REINS   COWGIRL   JUMP

C B L Y K H M I A O T Z W T J I
O X P M U J N T E R A N H D C S
W T R G A N S R G E L D D A S T
G C A I P B T A L H Y W H X B C
I L N S Y P A L E J T R A I L N
R T C K O B B C M U A K F E O Z
L Z H L N X L I A D S L T Y U W
R J L O R I E A Q N B T N C L S
S A S E J L S J N Z T A V K T O
G S I A L Q E U R K C E A W S E
T N J T R O T H D X E A R Z B I
S J U S D N I L R T J T L D D S

Scotland, Far and Away

LOCHS   RANNOCH MOOR   TARTAN
ABBEY   HIGHLANDS   GLENCOE
CLAN   LOST VALLEY   CASTLES
STONE   CRAGGY HILLS   LOTHIAN

```
O T C V T E A B H I G H L N M O
W C Z L O C H S B N L G F C V Y
T R P O A G L I J N A I H T O L
R A R A N N O C H M O O R A E O
H G R H T G T A L I Y B S R B S
N G L T I V H S T N A O E T B T
G Y O E A N C T B G U L N L H V
L H T S D N A L H G I H O N M A
C I H F F B G E I Y N Y T R N L
O L M B B I W S A S G L S E O L
E L A E C A S L T G L E N C O E
R S Y R L L A V N L E H N S R Y
```

Stargazing

NIGHT SKY   TELESCOPE   RIGEL
MOON   HEAVENS   VEGA
COMETS   NORTH STAR   SIRIUS
PLANETS   PLEIADES   ANTARES

```
V C P L E N A H E V E M O O N E
F J O P V O E N H P L E S I E D
I S U M H R K Y O S D I U K R I
J T E L E R H C O R H S I S I U
K F N I V T S C N V T J R T G S
P E I R A E S T A E N H I A E G
X A G V L Y G A N O M C S I L A
H Z H E O F T A M L T V Y T C O
A N T A H D L K S E R A T N A E
S U S I R P M R E T F N P O M R
R M K H E A V E N S K T Z R I G
Y T Y J Y V D K S E D A I E L P
```

Constellations

ORION   CASSIOPEIA   CYGNUS
AQUILA   PEGASUS   LYRA
CRUX   HYDRA   PERSEUS
DRACO   ANDROMEDA   URSA MAJOR

```
Y E M A J O P H C Y G N T A J K
R P Z O I S S E P L S S D Q B L
A E U X U Q A O R D P E G U R S
S G S U N G Y C N S M A J I X Z
Q A Q R L I V A C O E Q X L Y R
C S I A Y K N E R S I U M A G A
E U G U R S S D U R S O S A N R
O S S I A Q N Q X H Y D C E Z D
D R E C N A I E P O I S S A C Y
C U I V Q P V N E I R S P E R H
G X C O U R E Z R M H I N J N D
U O D Y N U R S A M A J O R O N
```

Sandals

SUMMER GRECIAN FLATS
LEATHER COOL DRESSY
HUARACHES COMFORTABLE PATENT
SPORTY STRAPPY FUCHSIA

```
U L W F G F U S P T G R E C D M
C S S D R E H T A E L S S V R F
L O U P E U R P T B T P E I E L
F E M F C N H C E R O L H N S H
D R M F L A T S N R D F C H S A
S G E C O E Q S T S P O A S Y T
T S R C I R F Y S G O C R E C A
R E H E G P T Q Z L R S A R O E
A B L C C R F A I S H C U F O L
P N F N X I L T B V T Z H M V Z
P H U A R C A E A L E A T H M E
Y R S U M M L N L F E I P A T N
```

Straw Purse

ROUND
WOVEN
PALM LEAF
ROOMY

NANTUCKET
NAUTICAL
SCRIMSHAW
ACCESSORIES

VINTAGE
RATTAN
CLASP
BOXY

```
N B N W O V E N A E B Y C Z T B
L F A E L M R P G U B O N A S Z
G T U C S S M A K O P I X N C I
N A T T A R T O Z R A H A Y R M
D Z I L E N A U T I L D T C I S
N L C K I X J R U Y M R T L M A
U P A V O Z W O V N L L N T S W
O V L S E I R O S S E C C A H O
R I Y S C C J M Z P A L U N A U
H N T Z H A W Y T X F A V I W R
N A N T U C K E T T A S C P T G
U T X L N B I U Z N R P J E A F
```

Island Vacation

RELAX PALM GROVE SURF
GOLF CARIBBEAN SAND
SAILING HAWAII CABANA
SCUBA DIVE DOLPHINS TAN

E L C A R I B B U R E L X D T U
V A L H E W A I C F G O E D K D
I O G V L Q A P A L M G R O V E
D I F C A B S H B B S C N L U B
A T A M X N A T A Y C A Y P G B
B B E W Z O U F N T E M N H R E
U I A S A N L D A B S E O D O A
C O L F C H A H B G N U A M L N
S Y R T N T R I C S U F E Z V P
E U N E V O R G D O L P H I N S
S R E A X A I N E O N N L S Y U
P E I S C U B D G N I L I A S R

Summer Fabrics

EYELET
SWISS DOT
POPLIN
LAWN

ORGANDY
GEORGETTE
SEERSUCKER
CHIFFON

RAYON
COTTON
MADRAS
BATISTE

```
T I E R Y H G S W P B C H I F N
O T E L E Y E N L S O R A R R S
R A Y O L C O T T M S P E Y I A
G B R E A F R A R Y A K L A W N
A S G N F C G E O R C U S I O Y
N A W I Y H E Y F U D O R S N G
D P H I O F T E S I M B T Z W E
Y C R Z S F T R D P A I F T H O
M A G R W S E M O J D N W M O R
E Y E L H E D F Z K R X S N P N
R G R U S W I O L B A T I S T E
H N O Y A R P N T T S D S E U E
```

Solutions

Page 2: Cheesecake

```
B W Q R A S P B E R R Y J F N B
C U A Z L O H Q R D J P Q S N J
H Y T O Z U C H O C O L A T E H
O J D T R R A S R C L R O H W N
C W S R E C I R L D R I A C Y O
O R U R A R H C E R L W G Y O F
C M C S Y E T N H E M S L R R F
Y R G Z O A W N O A U H C R K W
U G B A E M C R L M S P B E R R
E D R E E A Y G J Y Y O R H L L
E T S U R C M A H A R G H C L I
C R E A M C H E E S E Z U M O U
```

Page 3: Playing the Piano

```
P I A N O R O L L C Q T Z N G S
F L P Q C H S T H Z S M I P N W
G C N D T Y H Q J X N P C H I U
L S S L A D E P H I O L S J R Y
I D C O V Q E A O H P D D S E H
S T P A E N T V C C R B L R G K
S E Z H L L M R E O T A L J N G
A C U O V E U P H C H R E E I C
N K I I W R S C D E C T K P F O
D E B R E C I T A L J O S G E L
O W T I A R C B A V R K E Y S L
P Q R T L R E O I N G C M F A S
```

Page 4: Diamonds

```
S D P Y T I R A R F I M S N C O
R P O S P A R T P H O V K W L I
M L A E G T Y R S T E C A F G D
F H J R A U Q S E L R A E F L A
K E V Z K N E F P T I R F J Z Z
J A F Z P L A D R U H A R Z C Z
H R O U W A E E Y O F T Q W I L
E T H A C S S F C L U S Y P F I
A D L I N L E R I F W N A E R N
Z F C X R G N C K A Z V D A L G
D A Z Z J T L U K L T A U R G T
R B N U O R Q E L I G H T H S Z
```

Page 5: Jewel Box

```
W P E R Y M L R U Q C M Q E I T
R A M O U Z Y S A P P H I R E S
C M H S Y B H L A N H F C L M Y
I E M E R A Y N P S L J N Y E H
T T A Q U G M Y Q Y J F Z N R T
R N Z U H E N I R A M A U Q A E
I N A Y K F E F M F Q O S L M
N E M R D Q B Q U Z Z A I V D A
E N E T P P N P A B P P P H I R
H R I Z X U Q P B H A P H G A R
D A A E S I O A Z L G L D R V E
A G Y L R T F C T O D I R E P F
```

Page 6: Romeo and Juliet

Page 7: Mona Lisa

Page 8: Correspondence

Page 9: Paint Box

Page 10: Rose Garden

```
G A L L I C A D T F L O R R I S
D D K S A R E P B U D S E F R H
U N O I E A D P H S K C T L U A
R U A P H M P A E R M V T O L E
A B K T M B O U R U O N E R F N
M I S Q T L F D D N G D S H B G
B R E N G E H M O U P R I N U L
L O C M E R V B E J L W O T L I
E L H N J S R A E H S M N R E S
N E U L P U E Q N M S U J P A H
G R B O O R B L O O M S B R B N
P F V B F L O R I Z N K S H E A
```

Page 11: Perfect Bubble Bath

```
Z U I Q N R E O L Q Z B W J H Z
P G B S B O Q R E L A X Z A E R
K N I R D M I O A Z S K F Y T E
S H A A C U V C H N U O Z D B Q
Q O T L H S T L A S O M A C A L
U R O C B I Q W C L S W K K T X
Y E V T X C S F A H X H E U H H
C T U L H U Z F N V P S K K B P
S A L H M I R Q D W T E O H O F
Z W N T E R N I L H L O F L M R
O O F A H L L G E N B D B M B L
R Q F H O T W E S R K X L O O F
```

Page 12: Lavender
Harvest in France

```
V M C D T B V X U A E T A L P N
E N J U S O L I J Z I G F I E L
H T A J T P X O B E A E D L Z Y
W L F U O R P R O V E N C E L U
A U U I N U J Y F M T A V U E S
V A B D E W U T S E I L J Y H S
H S C E A L X Y E B B N R X A O
A I O V B R D A L L F R G P R A
R M I L B O L S P O U Z Q N V W
S N V N E O U P R O Q B L U E S
G O U W Y G M L U W A V I C S A
F S J P L A T X P F I E L G T B
```

Page 13: A Very Old
French Perfumerie

```
Y R E L L I T S I D V K D L R M
K G N B O T L N T X O R I A B O
N A H W C S W E S S Z R S V O L
P L Z F V T X I T U E W A E T I
E I P E R F U M E R S C K N T O
R M S K S O A B A V S P R D G A
R A A C L V U O E L P N K E W E
F R E G E H V T D R A R I R T C
A D N A H N L T I Y O F N L W S
X I Q L M R T L S V S S G Q T T
K H Y S J T B E T A M R E U K B
B O T L A R Z S L L Y N V I L S
```

Page 14: Tropical Fruit Basket

```
K D V C D F C O C O N L Y W F E
D I T I U R F N O I S S A P C E
R F W S S I A N R E J K Q A T H
A S C I P A P G T G U A E P U C
G S T M B A Y A O I W I V A N Y
U A L S A T D R A N G N E Y O L
V P A S N N O C O C F M B A C E
R O F P A S G L Y A C R S D O B
X T Y E N U Z O U D X M U Q C A
B E S T A R F R U I T I W I A N
P S F V E P C W Q A G U A V T V
S I A C H Y N D P A S S I N F A
```

Page 15: Tiffany Studios, New York

```
M K A P O P P W I S T S R B N B
L A R T G L A S S R Y Q E W N R
B R D E S I H K O G O S B T R A
D S K I A M B F A V P N M X B S
W L W X S O M D I M O S A I C S
I R I C P O P P A O P C F D N Z
S D V K C K N L T Z P O A E T E
T E U M B R K A S E I M V S F T
E S A I C S Z Y V F E F E I C S
R N Q F E Q A R L E S A Z G L A
I R I D E S C E N C E C R N W S
A F P M A S E L I R V A F S L H
```

Page 16: Knitting

```
P C A S W I B B L C A B O D R Z
W A I B V A L R V E E K N I U F
S B T I R B U I O T V Q T S R A
W L M T W P T X T W S A H W I I
E E T I E K D E G A U F R G B R
U S W N H R N M R E A B S W G I
Y W A K M I N P Y I Z P W C N S
A E N P K H C T A W S O E H I L
T A M C G L K E O D N G A C B E
B V O P J D P O M P O M T S B U
B T G A U G E J W K I G E N I Z
S J T K P F G O A S W E R B R X
```

Page 17: Nut Candy

```
Y K O B U T T E R B R I C K L E
C A S H W N P Y N E M P W Y R S
E L T T I R B T U N A E P O K Z
S M Q U J Z L P F T K N E L Z T
E O S A R Y N E F O Z U N R O C
N E I T T L A I B O C K F S A
I D B W O B L N E M K H F P R H
L R J C F E N E N O R E L B O T
A O S R F A M N S N E R U C H E
R C A S H E W P A T T I E S U W
P A F Y Z B D A O R Y K C O R B
```

Page 18: Boardwalk

```
S O U V E R C Z R R H T D F F Y
Y D N A C N O T T O C X P V R S
D C B R O L L E R C O A S T E R
N P W S I A T Y U V H R Y H T I
C H H Z K L T Q J H R C W P J N
A P D O J G E A I O O A S R C E
R O R X T I C K E T S D R I K V
O U M I C O F H O D A E T S E U
U S Y F Z T S E L O Y F H W U O
S R C A D E A U L G R N F S Z S
E F E R R I S W H E E L D Y P F
L O L L E R C O E S H T O O B A
```

Page 19: Day at the Beach

```
N K L A R I W F Y S T B S H L A
S A N D A L S H S H Z I G L D S
P B K T A J L U U O L K D P J A
Y A O G B K R F N B R Q B E C N
U K U L E W O T G P E D O I Y D
I M S F R S H E L L S M N F I C
N Z B C P U J M A K V C F A M A
I Y E R W I I Q S F I M I U Z S
K S F R E W C V S P W E R S E T
I H W T S L O M E T L M E C O L
B L M F R I L C S B O N M I V E
Y D L D W B S A E E B S I R F L
```

Page 20: Impressionism

```
L I G H T V R I A N I E L P T D
P Z K E O W G C P G C O L R S E
L O N S D L R O U I A L Z M H G
N O A Q I S L L B L S R R O E A
M P I R O S Y O P Z S S U N C S
T Z G I U P L R A K A T A T T E
C E M O R I S E I Y T O O R T Z
P A I N T E R L Y C T S P N R T
L H S E C A I B T R I E N O R O
E Z I R I Q N M F R U Z O W B V
C O L Q H E T T O B E L L I A C
D E G S B W S M H L X A N W Q V
```

Page 21: Key Lime Pie

```
W N O U E S T C O N D N S C E B
I I P J M E R I N G U E Y O L I
Y D L Z E A S E M I L Y E K V G
O T F L A U L S A L A V O H O S
L F L C I A J W I L I N G C W L
C H O Z L A U X C O A R E M L I
M N R K L I M D F S N E D N O C
T A I M O T N C T B J C F Y L E
A E D C S J U I U X M I L O B A
R H A E I E C D G R G U O L N U
T R Z L O K W I L L R J R K P N
A Y L L A S T N U A V Y D S T S
```

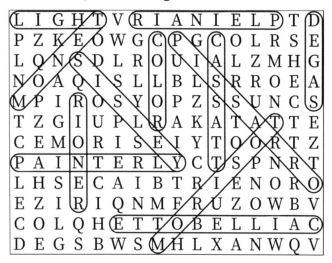

Page 22: Lizzy Bennet Visits Pemberley

```
O V L O J D H M F E L E G N Y X
E A N O G A L L E T V Y L R C R
M F S L F T Y C U A I R O V F Y
O L H Y E T N F Y S W E F L I A
S W E I V A Y W Z T S L S U N R
D O R T G S R C A E G L I A E H
N A U E Y C R A D R M A I T W I
A D L L R V Y P E B C G B U O E
H E D E R B Y S H I R E N S O V
P R H A N D S M G O U X K Q D J
Z B O U V X D O E T V A F R S C
P A I N T I N G S S O U N M J T
```

Page 23: Mr. Rochester Proposes to Jane Eyre

```
O N G S M O O N L I G H T L K D
U A C T W A U I V P M A Q N L O
R V T A L T H G I N D I M S A A
H E G H I R P H L I G H N S W T
C H E S T N U T T R E E M P L P
K E S L A U R I M P M V E H E M
D M S T K I S N V U A Z C S R B
P E M I O S J G K I S S H M U L
A N A S I R W A B L Z P S Y A I
S C V L U O M L A U M I D I L R
S E B H I M U E N I G H T N O E
I G N I N T H G I L I O O N G N
```

Page 24: Nature Walk

```
B U O O T S V W K I H X M P L G
L U S N S K W A H J A V I E H L
B R T N B J N T Z S O N R O I C
K Q R T A W C E D Y E N M B K L
Q A E N E C H R S S Q V E R I L
E P A S V R I F Q U W M A E N I
Z A M V G B F A B I H V D X G L
E T S E G I E L Y H L A O Z B I
A E N L C X L Y F I F W E O R T
R Z O L A R K S P U R W S Q O T A
B S C P W M N S C W D E A N T A
D I K I R E E D A L A R K P S W
```

Page 25: Spring Bulbs

```
S U S S I C R A N M U U H J T B
F R C T M W U A S I R A C S U M
T D A F F O D I L R K B R Q L E
T M D Y L T R R S A C L E Y I T
U T B H W I A A Y N F U W Y X M
L Q F C H S L D J U L E O S U L
I H U C C L P O H N G B L I Y J
P O T K I R Y S S C L E F W L K
D U O U C U O F N U Y L R R S C
D J M L K T X C Z L F L A Q L U
H Y A C I N T H U U C S T T M Q
Q M F A V F R E E S I A S R V I
```

Page 26: Women of Downton Abbey

```
G P V I L C O R A U H K K E A X
A Y T K S L M A B G O G D N O P
M D R I A O P N Z B P I N B F L
L V O K N A B N O A Y A R U A O
U E S F B Z C E T O S I Q A E M
X S E H G U H M L A E N D X Y H
V I O Q W B O H N P C A M G X
E D I U L R R H T E L O I V E V
M B F A E M A H X N R F S Z D I
G A I C O R S J H L F O Y K I O
Z A R S Z R K G S Y B I L G T L
D Z Z Y B Q D A I S W H B Q H Z
```

Page 27: Dinner at Downton

```
C A N D L E L I G H T C P C U E
R B Q E I P U L N E M T O O F E
K G O F L S A H Z E T F M S J G
F O D C E T T E U Q I T E X N X
C W O V S P C E D W A R D I A N
C N P Y Z A I E C W H T L E X C
A S R O P T K H C O U R Z K R T
R C W Z E S N Y M I E I P U Y T
S M K T M C N A J T V A W Q I C
O H I G U E S T S R N R D B V N
N H E J P Q A N E X C G E W N S
W S E S R U O C L S A S M S D N
```

Page 28: Hats and Trimmings

```
W Q X I Z L M V Z R C C W B T I
E N L B C N A U E O S R A O Z G
N P E R I B B O N S P O O L H T
I E J I X F U R L E S U V W C U
L A I M N O H A H T F Q E P N L
O R J U C E S H B T M E C F J C
N L I R B L T Q T E I R A S Q R
I S T O A Y H T U S S C L P B O
R L W R Q W M B I R E L G A P N
C U O S E M U L P N I Z R Z K C
P L U R B B B N M I U G L U I T Z
F N A C E L U D Q X O T U L L E
```

Page 29: The Hats of Ascot

```
A H X D E Z I S R E V O S C J A
B Q B S W H B T L O L C A U W V
A T L O J I N S I N A R U R H A
C N A B A E Q K L S R L C R C N
D J V E Q T S E L C U R M A L T
G Y I T F L E H W A T N B S L G
N W S G T H N R D U P A R D V A
I L H E W E A R A B L E A R T R
L F E T Z Q V L P J U N S I M D
R B R Q T Y A A J S C U L P T E
U A P N C R E C U A S Z B O A T
C F I P I C T U R E H A T F H L
```

Page 30: Angel Food Cake

```
R A I R M T F I S J Y C S Z S E
T A N I I V E G W R R G G E C Y
U S B E X N G Y E Q I K I N V C
B E C R E A M O F T A R T A R A
E I Q G R L A I K B R S V J G K
P F T T R L P E S E R T E O W E
A F S V L S B Y B U A R X I T F
N P N I F W U W I H Y P N Y H L
L E N L A P A G Y O Z V H F Z O
X A H S U R H G A R E W T M X U
V K T V T F J V R R U Z C E I R
E S M S T A S E T I H W G G E Z
```

Page 31: Ball Gown

```
Q B S R D A N C E F L O O R T A
P R I N C E S S S E A M S E R I
S T L K S S E T C U H D L A I K
W A K H S L H S A V R E W S K S
A G O C N G V D K I G H T L S V
V I R O I H O I N A R Y Z I P O
K L G L E R E L N S E C E G O R
V Z A R K W C T M U Z J A H O A
H A N D S T I T C H I N G S H W
E S Z G V A R W J Z S Z V C E S
I T A D U T C H E S S S A T I N
```

Page 32: Get Carried Away

```
U S H O P P C R S D B G V U G I
S D A L L T A M R S A T C H E L
L R K C L U Z E O J N S T L T F
A B J Z O E H A N D B A G A Z
T E U D B T S E M T O V M L L C
S A L C A Q B U C E B G D O T L
Y D X E K Y D O B S S O R C N U
R E L A K E Z M O N R U R A O T
C D E E V C T C I L L A T E M C
H C R O S S D B R Y S T L O B H
R E P P O H S Z A O M O F P T O
Y L E A T R P L M G S R W M A E
```

Page 33: Bergdorf Goodman, 5th Ave.

```
A M T C W O M A G A R R E F P N
N Q O W G A Z T Q W Q U T A L I
G I U Z D S E C O N D F L O O R
N M V A O U H B O U T G I L H V
I C R N T L U O O R I U Q O N A
T P H O N A M C E I W C C N R L
U F M T V O L R E S V C M A I E
O E G T N I H I N S A I B M V N
B R U I T F E R A W O L T H N T
U R C G I A N V I T O R O S S I
O A Q U C C Z P S Q L A J N G N
L V S H F M C Q U E E N P M E O
```

Page 34: Try on
Louboutin's "Douce du Desert"

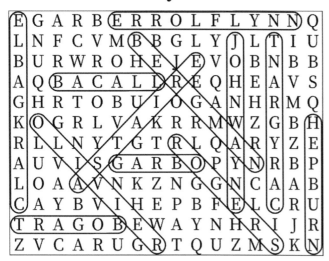

Page 35: Try on
Louboutin's "Cosmo 554"

Page 36: Golden Age
of Hollywood

Page 37: Casablanca

Page 38: Shades of Blue

E	A	O	M	K	J	R	O	B	I	N	S	E	G	G	Q
P	L	G	G	J	N	E	A	D	K	Q	S	Y	R	X	B
A	J	E	C	D	X	M	O	Z	C	R	K	N	O	S	K
C	T	T	C	W	I	O	Z	P	O	F	L	S	Y	I	H
I	O	G	T	T	W	G	T	Y	R	Z	E	K	A	J	N
F	H	Z	G	G	R	H	H	Y	N	N	D	Z	L	V	A
I	R	W	D	Y	G	I	D	D	F	A	Z	U	R	E	I
C	H	E	B	I	Y	J	C	H	L	W	H	Q	F	L	S
U	W	N	N	T	U	R	Q	U	O	I	S	E	R	G	S
V	F	D	P	A	F	R	P	D	W	U	D	Y	Q	X	U
I	I	D	R	S	V	T	H	P	E	L	A	E	T	Y	R
M	J	R	U	Q	R	Y	R	B	R	W	T	Q	U	O	P

Page 39: Greek Islands

D	A	P	F	F	K	Y	S	G	T	Q	Y	R	S	B	S
O	O	B	L	Z	I	E	I	S	R	Z	K	U	R	X	T
N	J	M	X	W	H	I	T	E	C	L	I	F	F	S	A
K	D	E	A	C	N	J	L	S	E	Q	C	H	I	F	O
E	A	O	R	S	B	G	A	U	H	R	J	P	A	R	B
Y	L	U	M	R	D	L	O	N	B	A	E	S	C	E	G
S	H	M	G	E	P	K	U	S	C	S	L	A	A	S	N
C	R	Q	Z	R	S	H	W	E	O	B	R	E	I	C	I
G	A	R	D	E	N	P	O	T	S	I	H	Q	G	O	H
H	Y	H	Y	O	G	N	A	S	F	K	P	W	H	E	S
X	W	Y	F	U	E	C	E	H	U	P	Y	L	B	S	I
C	Y	I	H	S	O	T	T	O	R	G	U	O	C	M	F

Page 40: Perfume in Pretty Bottles

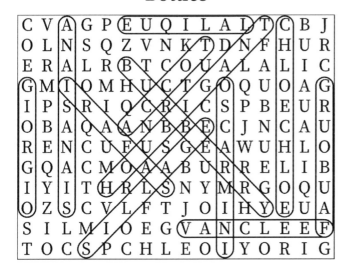

C	V	A	G	P	E	U	Q	I	L	A	L	T	C	B	J
O	L	N	S	Q	Z	V	N	K	T	D	N	F	H	U	R
E	R	A	L	R	B	T	C	O	U	A	L	A	L	I	C
G	M	I	O	M	H	U	C	T	G	O	Q	U	O	A	G
I	P	S	R	I	Q	C	R	I	C	S	P	B	E	U	R
O	B	A	Q	A	A	N	B	B	E	C	J	N	C	A	U
R	E	N	C	U	F	U	S	G	E	A	W	U	H	L	O
G	Q	A	C	M	O	A	A	B	U	R	R	E	L	I	B
I	Y	I	T	H	R	L	S	N	Y	M	R	G	O	Q	U
O	Z	S	C	V	L	F	T	J	O	I	H	Y	E	U	A
S	I	L	M	I	O	E	G	V	A	N	C	L	E	E	F
T	O	C	S	P	C	H	L	E	O	I	Y	O	R	I	G

Page 41: Chanel Nº 5

M	B	E	R	G	A	M	O	T	H	P	N	M	G	S	W
O	A	M	W	K	I	J	K	B	A	S	A	N	P	A	O
U	F	Y	R	L	U	E	U	O	U	M	A	R	O	N	Q
M	V	L	R	E	V	I	T	E	V	L	B	T	L	D	A
V	A	O	G	O	C	Z	V	S	Y	Z	Q	E	I	A	R
E	N	J	N	Q	S	N	L	G	C	I	V	Y	R	L	F
N	I	A	R	D	N	E	N	I	M	O	X	P	L	W	X
I	L	S	V	P	X	A	Y	U	G	Z	C	H	V	O	I
M	L	V	E	P	L	U	F	W	O	J	A	O	T	O	L
S	A	T	C	Y	N	R	M	Q	I	P	X	R	N	D	Y
A	T	R	O	C	A	Y	J	R	P	N	E	R	O	L	I
J	A	E	L	P	Z	S	T	C	A	R	T	X	E	J	U

Page 42: Super Challenge: Silver

```
V I I S E R L R R I S I L V I L
R V S I L E S L R I L S I S V S
V E R L V V R V S I I V L S R V
S L V V S I L E R E S R E R L V
E L S L E S V E V S I V E L E E
S I S R R I E S L L V V E E R R
I S V V I V I I R L V V S E R I
L L L S R V S R I V L E V V I I
V S I E V L R V L E R L R L R V
I R I I S L L E R L I R S E I S
I V V E S R S S S S L I R I S R
S S V I S I E V L S E S I S E E
```

Page 43: Super Challenge: Gold

```
G O L O L O O G L D D O D G G D
L G D G G O L L G G O O G O L O
O O O L O D G O L O O D O G O G
O G D G L G G L D G L O G G D O
D L G D L L D O D G O G G O L L
L D G O G O G L O L G L O L G O
L G L O L D D G L O G D G L D O
D G O L G D D G O G G O L G L G
G O L L D L G O O G L O D L D D
O G G D G D L L O L O G D O D G
G D L G L O L L G O O G L O O O
O L G D G D G O L G D L O L D O
```

Page 44: French Antique Fairs

```
B F Z W U E B A S A N N E C Y G
R E V O C N U E Y S L M B G Z N
R J A L F M N T I A M L C J D I
I P K I U I Z U S I Y W D I K L
U C T S R F G T Q N D B S A L B
L B I U N D P O T T E R Y Z Y M
R C G O I N I S K O A F U D I A
T I F S T A L R Y U T R I C L R
F B G V U H O N J E A C L D A V
U N C D R C E Y S N Y M E E T E
S A I N E G T S L L A T S Z S R
A Q V O S N H D C A N O P I E S
```

Page 45: Square Dancing

```
L C X Q L L E B E A X U B S D O
E D O U W H Z D S T L P T F L H
E T A L A M N E R E I N C O U L
H X P R T A L O B K A Q X A F P
W M S E M P C X Z R M F B E L R
N C D E U T R A D I T I O N D O
I A L O L H I A D S O F R J B M
P L C Z P L U R O P A L U E T E
A L Q I R O E T S R W S A A E N
O E A D O S Z B A O S U H E U A
M R W H M V C S D L X Z Q A B D
S E M U T S O C O U C F Y G Y E
```

Page 46: Warm Oven

```
C O B L T M D S E L O G S H L L
A P P L M F U I P S D L N S G L
S Q G D B I P F P A L B P I Z O
S U O G C E B B F O B R M D P G
E I F E L G Z F R I B E P T O Z
R B U P C D O E I U N C U O T F
O M P L O G G U B L D S A H R O
L A S Z B A S T I U C S I B O D
E G L Z B L S O L C P I Z Z A B
D O L B L D E U H T H L O E S B
G L A Z E D H A M L L E R P T O
O C D L R O C A B B G B I S C U
```

Page 47: Simmering Pot

```
C A U Q L A G B A S T O J K U I
H H Y B O I L R B V S A W F N F
R S I Y S T A U O U D T I X O U
Q Z H L P N L N X O B L C P R F
X R Q C I E W S Q W G B K S E Y
U K M R O U X W S D B G L B D A
D I A R S G N I L P M U D E W M
R M S P L V M C K A D K A P O V
O Q X T U C U K A E V C U L H S
G C F A E D U M P L I O G I C T
E O X U C A O E V L J T D N M E
P A E R I U M O X A W S T E A W
```

Page 48: Kitchen Garden

```
D Z L A L S P E P R G T B D V O
R U O B E S N A P P E A S L N V
I C H K R E O R E G A M R O C S
C C A I O A B A S A Q H B L E U
H T R A I N I H C C U Z H O I H
S Q O B P E U S V J L A T N W C
O M S T A I A B E L S A N A C R
I A E P C S S Z N D M I B G Q O
L C M R A S I U L O B K P E A L
A O A N E B P L T C Z E M R L M
T S R E P P E P B C P W D O K S
L R Y G A R L B M H P J F S T I
```

Page 49: Clothes for Gardeners

```
W G A E T F O V E R A K R N D B
L O L T S R N P H S E R O U R G
G P U O E S C A F T D R O S H I
L T K A V Y I V O R P E V T C L
O F C E S E E D W A L L E T K G
A E L V R C S W C W N R R U C R
V T O C W C T O L H P V A R T E
T D G E S T H S G A U E L I O K
L R S J R W A I O T B P L R T H
K B I S E E L W E N V D S W E A
O Y S H K U R C Q F R R T S O V
F R A C S S S R E S U O R T N U
```

Page 50: Chocolate Delights

```
D E V S F T I R A M V R L C A K
S C H E R R Y C O R D I A L S B
V O Z F I A E S F U V W V F N R
M O U S S E Q S U S I M A R I T
C V K F A V A L B S U D C H M E
A E P X F C N O S T R D A I O C
K A U G Q I N Y C O R V K N U L
F U D G E B E F M Q A U E G S A
L T D O O F S L I V E D F D Z I
C Z I N P U D D B O N B G F E R
H R N E C L F P S O U F N M L C
E R G L A R B R O W N I E S A E
```

Page 51: Baking Cookies

```
W Q J N P R E H E R O L X U N A
F A M I L Y R E C I P E H N I H
L Y C N M E A S U W C R G Y P U
D G R E T T U C E I K O O C G L
P O A E V M J H T F Z V M L N E
R L U C O O K E A E C E J U I W
E H C G L V B A R O C N F S L L
H L R O H E W U O N D H F O L J
E L I N V W S V C K T T E R O S
A Y S L L A T V E E X H Z W R J
T E P I E Y L Z D O U H L Z Y A
G H Y M L I C K T H E S P O O N
```

Page 52: Linen Cupboard

```
T U R K N Z J A Q U E F P E R C
W H D E R Y E K R U T R C L J S
A O N P E R C A L E Q U G I N G
C I F R E J N B G D U I Z I S W
L F R U Z A H W E N A T K Z T H
T A B L E C L O T H F P E R A I
F O U N N Q E S U L A R H A M T
U E C E D U A V R N H I G Y E E
I L R S K A L E K C A N A P C I
G F J B I R E N N U R T C B A J
E N H C V D I T A J P P T U L A
Y N Q G I N G H A M K O Q N P I
```

Page 53: Clear Glass on the Shelf

```
B P T V X O V M C B O W L R P F
Y U N E L T T O B D E K R O C Y
A S B O M J Z D O B U B B E Y I
C T I B L O H C P I L R S W L N
A E J N L P Y U A R E H C T I P
K M A H P E L H W K S T E M N N
E W I Q M C B W S O E K R A D O
S A J O A U P A Z C D S D A E B
L R D L W B R A L L I P T M R U
O E S L L E Y U H L J B N A R B
Q A P O T H E C A R Y J A R N
U T T C Y R T L P I T C S T E D
```

Page 54: Country Inn

```
S P B R S D S E K P S A H R L Z
I L R O O E J I N D O A R S A R
A M E L A K N W D R E R L T K O
E W A C R E M I Q E O M C R E O
T R K E D L V J R S B E A H V N
E H R F M D Y K S Z O K F I A A
B D A T Z E N S E E R T A L E J
Y G S N B P K C Z R P L W R W F
S I T T I N G R O O M N M N D S
Q L F C E G A R B A T H T U B Q
N O E I T U R E M L Z Q F F S O
S D R E L A C E C U R T A I N S
```

Page 55: Queen Anne Chair

```
S F M P X W I N G B K L F I H W
B W I A C U S H I N L B S O M A
A C B D H L L Q Z O W A L N R L
R E H F A Z J K R C S R F X L M
O H D E Y I L C A B R I O L E V
Q C G E R V S A Z S L J P F G T
U U E T T R S B V I H C O M S K
E Y R M W K Y G W T K E P A S D
V Q O N L Z A N R J Z F L E C J
P M I D E N O I H S U C A L H S
A W A L N U T W B A O Q R K E S
F E F T L Z R V H S H M Q T F L
```

Page 56: A Cozy Scene from Little Women

```
E H J N G E V M E U Y R E W S E
M L E R Y C F I A R C B A M J R
D O M T S G N O S R G R M E F S
F A I P W T T I J F M S B K B F
I G T F A T H E R S L E T T E R
R W D Z B E B G L R H T E P U J
E R A A T R E I A M L T S G Y W
S A B M C Z P I B E S O E T S A
I M X Y M P W A P G R Q W B R M
D T A N E A Y Z L P M I I S F S
E K T R B E O L D P I A N O A L
W L S M A R H I O B E N G N L I
```

Page 57: Fancy Ribbons

```
U P L A I E Z L H C O S A T I N
D S F G L D N W L K A M I H I C
T R K L V R A H G A O J O Q B A
A F I A E E Z L Z J R R L I R F
E A C C W S O V K Y G O A V R A
F B X E D D R G L A A V L X C E
E I R Z T E V L E V N L D F A Z
T R A O U N E C P F Z I A D E I
A Q K D C X J N T H A Q O J R U
U J M P I A S T R L D E R Z W Y
R L V O C T D H P Y R S V V T P
X A I B F L X E D E P I R T S O
```

98

Page 58: Cake Decorating

```
P I P N T C L S W I R B F L O W
B W F A I Y P E T L G U R E R T
U C O L E O Q D S N Z T I P S L
F L N E L O M E I W M T W E S I
T C D L R T S C Z S I E O T H A
T R A R O Y I R S E P R F A E N
R C N G J L A E Q V A C L L G R
S D T Q A R O Y R A I R O S O E
R L F Y D B U T R E C E A L L W
F O O D C O L O R L D A Y O I O
Y R W Q P M J N A L S M A Q Y L
K D P I P I N G B A G L L A E F
```

Page 59: Baby Shower

```
E S I R P R U S C B U O W L J S
L S V O E S P S E M A G E T L H
L Z B O P Y Z U B N R K I U O J
F N A U G I F I N Y A D B N L C
O S K B A N N E R C V B A C G B
V H E W O O W K T O H N L W I A
U P D O Z M V E B E K B L P F N
C I B F S S E T S O H E O H T N
A N R P C H B Z L W O J O W S S
K D I B S L P I N R C I N K L G
Q O E L H Q G A M F D Y S H E E
E K T P A R T Y F A V O R S A Z
```

Page 60: Apple Hill

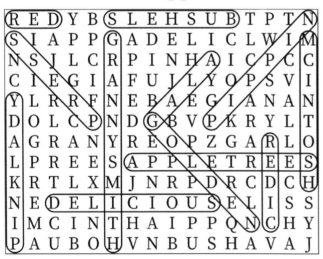

```
R E D Y B S L E H S U B T P T N
S I A P P G A D E L I C L W I M
N S J L C R P I N H A I C P C C
C I E G I A F U J L Y O P S V I
Y L R R F N E B A E G I A N A N
D O L C P N D G B V P K R Y L T
A G R A N Y R E O P Z G A R L O
L P R E E S A P P L E T R E E S
K R T L X M J N R P D R C D C H
N E D E L I C I O U S E L I S S
I M C I N T H A I P P Q N C H Y
P A U B O H V N B U S H A V A J
```

Page 61: Fruit Orchard

```
Z N E C T R C H B U C Q E N Z E
F J P K T J Y C M N P I A R V F
C A V O J R V A I E O C E Y G R
H T C H M D D E R C M D Q R I L
E I B K I E B P H T D O P M H A
R N S M R R G Z X A P R I C O T
R W U I A F I R L R E L M P K D
Y L G R B Z F F A I M I N E V Y
P M K D E P O M T N K C T A R N
T A C D L C R H Q E A D D R B S
A E I H L T E K C U B T E Z A D
Y P P U E E R L Y N M I E P O M
```

Page 62: Lunch at Red Lobster

```
X Q F H U O P L L J T R L X C W
N N X G R I Q U I O I P T O C N
I I J K N V Y Z D T Q B E B D A P
O Y S T E R S A N U U S Z I E S
L T L S L J T U E T B T X S Q
R C K L Y O M E O Y T S P E A I
I K O S P Y L F B P E C R O R P
S R Q U D L I R X I R M I C S M
G A N S I R L I U Q S P B Y A A
R O H R P Q E E Z E H Q X S L C
E L G N G D C D T T R B U R A S
B I S I R A M A L A C A Q E D I
```

Page 63: Bingo Night

```
P T N E A B D H U Q L F S V L R
M C A R D U C V A L R C N E U B
F E D A I Y B U Z U A B A Z C W
R X A B N I V D A U B E R T K S
E E U R G N B W T L Q Z O P Y T
E A B X L T M L U X B P Q U J F
S L L A B Y R U A S K F R P A B
P W O R A E B E O C A L Z A R L
A R U Y L C W I A L K E D H C
C P J L G P H J R N G O A W C K
E H A I C B U Q T D T Y U D P O
T C E G A C O G N I B I L T A U
```

Page 64: Uptown Coffee Shop

```
O E L Z Z U D F H E T Z P P M K
N D P M E K I N A U P U U D A E
I V R O A S T N L Z Z R T T S
C S F I M R B L Z A P C Y J P P
C H S C Z B E W L T U C S F A R
U V N C E Z U P R T N A R O C E
M U P A C L K W E H Y E A M S S
P H W H I P P E D C R E A M K S
A J F L G F O N O E D B B V I O
C S Z T T J C M Z A H D R M N A
S E Z G N C S L P H Z M N E O R
E C I P S N I K P M U P T B W F
```

Page 65: Super Smoothies

```
C K S S E I R R E B E U L B V R
D H P R O T E I N P O W D E R U
W B L M Y R A C L U I H A H S R
X O S O E U H Z L E V C R C S K
B O S T R A W B E R R I E S A Q
L S R K R E S H O R E N T Y R H
U T Q F H T L L D O I B A O G P
E S D W O V C L T M Q L O G T B
B T Y R R A E S A A R E N Y U E
R P R O E I N T Y C R N Y E R R
U A R O C W I C Q L A D S T H I
C Z I J G V C V G L C I S B W I
```

Page 66: Old Bookshop

```
S G E C A T A L C S O V D L A T
N R Z I E D I T K Y R A U K O R
O S T A I C G C E N O V S B P A
I T R A V L A E A G M L T R L V
T V B M S B R Y S U A N Y C D E
I H C G R O M A T A N M O A C L
D J I E K M A H A E C V H I S G
E Y P S D U S O C D E R T S L U
G A V P T V Q B K S A U I P O I
P O L D B O O K S M E L L A C D
D U S N Q U R I E D I T I R T E
B S L E V O N Y L C F S T A P S
```

Page 67: Corner Donut Shop

```
Q O W A L C R A E B R F C O F E
E E L R L J E L L Y S H R L G Z
Z M C D P E A H T D P O U B E A
R P A S F R I T T E R F L G E R
D O C P Z A N W D R M P I E Q U
F W F R L U S A U E N B E A C L
U L L I T E N H N D P F R O A L
D F F N A J S L I W F M A P L T
U A H K D G R F W O H S I N A D
N S G L A Z E D C P N H N K T S
K P W E O D R A H N Q E U I T N
T T R S H M F N J E L L D S R D
```

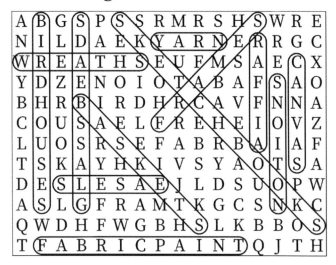

Page 68: Craft Store

```
A B G S P S S R M R S H S W R E
N I L D A E K Y A R N E R R G C
W R E A T H S E U F M S A E C X
Y D Z E N O I O T A B A F S A O
B H R B I R D H R C A V F N N A
C O U S A E L F R E H E I O V Z
L U O S R S E F A B R B A I A F
T S K A Y H K I V S Y A O T S A
D E S L E S A E I L D S U O P W
A S L G F R A M T K G C S N K C
Q W D H F W G B H S L K B B O S
T F A B R I C P A I N T Q J T H
```

Page 69: Scrapbooking

```
K E B L A Y S R E K R A M E S K
A E G A P T E K C O P L R Y H C
W K I Y A S T O E R V U W A S O
A C Z G C R I C T E T C H I P T
S T E N H E S B M X P H O T O S
H A U R I Y O T E A Q S Z T C D
I W X M P A T T E R N P A P E R
T Y E R B L S U Z N P G A K P A
A K T N O W H C Q Z C R Q C E C
P H E M A R K I E E P I U T U S
E T S N R E B R P H O T L J R X
L A Y R D P O C K E M H S S T T
```

Page 70: Embroidery Stitches

Page 71: Antique Needlework Samplers

E	O	S	A	T	I	N	C	U	C	H	E	V	X	D	Y
N	C	R	U	I	S	L	E	E	H	W	N	E	V	O	W
O	H	D	K	Y	C	G	A	P	F	R	U	N	N	P	S
B	A	L	O	R	H	O	Z	Z	K	E	T	S	M	I	N
G	M	I	O	X	E	E	U	R	Y	N	I	A	H	C	A
N	E	S	T	E	V	F	S	C	D	D	V	T	C	O	U
I	S	W	O	V	R	U	N	W	H	E	A	U	H	T	I
R	E	P	I	C	O	R	I	S	N	I	A	I	M	B	Z
R	U	N	N	I	N	G	S	T	A	M	N	X	S	O	S
E	L	A	Z	E	D	E	Z	E	P	O	U	G	P	Y	S
H	G	F	Z	U	C	S	O	M	E	F	C	H	E	V	R
Y	O	L	W	O	V	N	H	E	F	D	X	T	Y	U	C

T	M	Q	V	P	D	C	W	O	L	Z	E	O	U	T	L
I	S	P	E	L	S	T	E	B	A	H	P	L	A	S	F
R	A	E	R	E	P	I	H	G	P	O	N	L	M	E	Q
C	H	O	S	G	Z	U	P	S	E	U	P	A	B	V	D
S	B	R	W	R	N	P	A	C	H	O	R	J	F	O	A
H	O	Y	O	B	E	H	O	R	S	G	W	I	L	R	T
H	R	E	L	G	M	V	U	I	I	M	F	Y	D	V	E
D	S	A	L	P	H	N	R	P	E	O	P	L	E	N	S
S	A	F	I	S	O	S	E	T	A	Z	X	I	A	L	N
L	C	T	W	F	U	J	N	U	M	B	E	R	S	P	M
V	E	R	U	E	S	H	E	R	Z	D	Z	O	H	H	I
R	G	F	I	J	E	P	M	E	B	O	R	D	E	R	S

Page 72: Alaskan Cruise

Page 73: Mountain Retreat

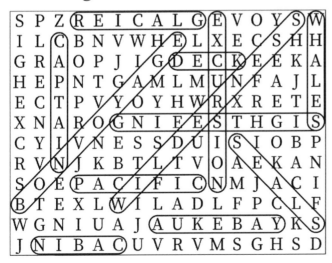

Page 74: Horseback Riding

```
C B L Y K H M I A O T Z W T J I
O X P M U J N T E R A N H D C S
W T R G A N S R G E L D D A S T
G C A I P B T A L H Y W H X B C
I L N S Y P A L E J T R A I L N
R T C K O B B C M U A K F E O Z
L Z H L N X L I A D S L T Y U W
R I L O R I E A O N B T N C L S
S A S E J L S J N Z T A V K T O
G S I A L Q E U R K C E A W S E
T N J T R O T H D X E A R Z B I
S J U S D N I L R T J T L D D S
```

Page 75: Scotland, Far and Away

```
O T C V T E A B H I G H L N M O
W C Z L O C H S B N L G F C V Y
T R P O A G L I J N A I H T O L
R A R A N N O C H M O O R A E O
H G R H T G T A L I Y B S R B S
N G L T I V H S T N A O E T B T
G Y O E A N C T B G U L N L H V
L H T S D N A L H G I H O N M A
C I H F F B G E I Y N Y T R N L
O L M B B I W S A S G L S E O L
E L A E C A S L T G L E N C O E
R S Y R L L A V N L E H N S R Y
```

Page 76: Stargazing

```
V C P L E N A H E V E M O O N E
F J O P V O E N H P L E S I E D
I S U M H R K Y O S D I U K R I
J T E L E R H C O R H S I S I U
K F N I V T S C N V T I R T G S
P E I R A E S T A E N H I A E G
X A G V L Y G A N O M C S I L A
H Z H E O F T A M L T V Y T C O
A N T A H D L K S E R A T N A E
S U S I R P M R E T F N P O M R
R M K H E A V E N S K T Z R I G
Y T Y J Y V D K S E D A I E L P
```

Page 77: Constellations

```
Y E M A J O P H C Y G N T A J K
R P Z O I S S E P L S S D Q B L
A E U X U Q A O R D P E G U R S
S G S U N G Y C N S M A J I X Z
Q A Q R L I V A C O E Q X L Y R
C E U G U R S S D U R S O S A N
O S S I A O N Q X H Y D C E Z R
D R E C N A I E P O I S S A C Y
C U I V Q P V N E I R S P E R H
G X C O U R E Z R M H I N J N D
U O D Y N U R S A M A J O R O N
```

Page 78: Sandals

```
U L W F G F U S P T G R E C D M
C S S D R E H T A E L S S V R F
L O U P E U R P T B T P E I E L
F E M F C N H C E R O L H N S H
D R M F L A T S N R D F C H S Y
S G E C O E Q S T S P O A S Y T
T S R C I R F Y S G O C R E C A
R E H E G P T O Z L R S A R O E
A B L C C R F A I S H C U F O L
P N F N X I L T B V T Z H M V Z
P H U A R C A E A L E A T H M E
Y R S U M M L N L F E I P A T N
```

Page 79: Straw Purse

```
N B N W O V E N A E B Y C Z T B
L F A E L M R P G U B O N A S Z
G T U C S S M A K O P I X N C I
N A T T A R T O Z R A H A Y R M
D Z I L E N A U T I L D T C I S
N L C K I X J R U Y M R T L M A
U P A V O Z W O V N L L N T S W
O V L S E I R O S S E C C A H O
R I Y S C C J M Z P A L U N A U
H N T Z H A W Y T X F A V I W R
N A N T U C K E T T A S C P T G
U T X L N B I U Z N R P J E A F
```

Page 80: Island Vacation

```
E L C A R I B B U R E L X D T U
V A L H E W A I C F G O E D K D
I O G V L Q A P A L M G R O V E
D I F C A B S H B B S C N L U B
A T A M X N A T A Y C A Y P G B
B E W Z O U F N T E M N H R E
U I A S A N L D A B S E O D O A
C O L F C H A H B G N U A M L N
S Y R T N T R I C S U F E Z V P
E U N E V O R G D O L P H I N S
S R E A X A I N E O N N L S Y U
P E I S C U B D G N I L I A S R
```

Page 81: Summer Fabrics

```
T I E R Y H G S W P B C H I F N
O T E L E Y E N L S O R A R R S
R A Y O L C O T T M S P E Y I A
G B R E A F R A R Y A K L A W N
A S G N F C G E O R C U S I O Y
N A W I Y H E Y F U D O R S N G
D P H I O F T E S I M B T Z W E
Y C R Z S F T R D P A I F T H O
M A G R W S E M O J D N W M O R
E Y E L H E D F Z K R X S N P N
R G R U S W I O L B A T I S T E
H N O Y A R P N T T S D S E U E
```

More Puzzle Books by A.C. Jones

The Travel Size Sudoku Book

This lovely travel size book features a durable, glossy cover, large-print 9x9 grids, and cheerful flowers on every page. Includes 78 grids with 4 levels of difficulty, plus 5 bonus flower-themed puzzles at the end. A perfect, lightweight, purse-sized pack-along for airports, commutes, and waiting rooms.

6x6 Large Print Sudoku: 130 Easy & Medium Puzzles for Relaxation and Brain Fitness

This volume has a design similar to *The Travel Size Sudoku Book*, but it features easier puzzles that are perfect for relaxation or for when you don't have much time.

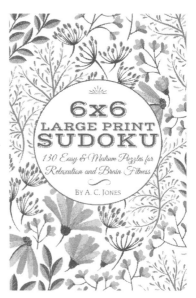

More Puzzle Books by A.C. Jones

The Dragon Book of Sudoku for Kids

Build logic & critical thinking skills with this enchanting sudoku book for beginners. Each page is illustrated, and there are fun writing exercises at the end of each section. This is a perfect educational gift for children aged 8 and up.

Thank You Sudoku

Give a gift that tells someone how warmly she or he is appreciated. Each section begins with a different message such as "Your help made a difference!" or "You really are wonderful!" Puzzles use the letters of words of gratitude instead of numbers. Includes solving instructions and 4 difficulty levels. A lovely way to recognize all of the helpful people in your life.

Also by A.C. Jones

The Mr. Knightley Sudoku Book

The Mr. Knightley Sudoku Book is a little gem of a puzzle book that Jane Austen fans will love.

Featuring the charming hero of the novel *Emma*, each sudoku grid uses the letters K-N-I-G-H-T-L-E-Y instead of the numbers 1-9. This travel-sized volume features two hundred large-print sudoku grids ranging in difficulty from very easy ("exceedingly affable") to difficult ("vexing"). Includes 3 delightful Emma-themed logic puzzles in a bonus section at the end.

Also by A.C. Jones

Allerton's Brain Fitness Word Search, Vol.1

This series aims to boost your ability to recall hundreds of the high-frequency words that are critical for daily communication. Vol. 1 focuses on household terms and activities. Each puzzle is accompanied by fun graphics and uses easy-to-read, extra-large print. Words in these puzzles appear up, down, and occasionally diagonally, but never backwards.

COMING SOON:
Allerton's Brain Fitness Word Search, Vol.2

The second volume of the series has an "Around the Town" theme and will cover words associated with errands, recreation, and restaurant dining.

1656080ЯRO0063